U0916789

美美咨询思想库丛书

SPM 南方出版传媒 广东经济出版社

·广州·

图书在版编目（CIP）数据

封闭式领导力 / 钱浅著 .—广州：广东经济出版社，2022.1
ISBN 978-7-5454-8188-4

Ⅰ . ①封…　Ⅱ . ①钱…　Ⅲ . ①领导学　Ⅳ . ① C933

中国版本图书馆 CIP 数据核字（2022）第 013012 号

责任编辑：易　伦
责任校对：陈慧敏
责任技编：陆俊帆
特约编辑：宋小龙
封面设计：闻伟男

封闭式领导力
Fengbishi Lingdaoli

出版人	李　鹏
出版发行	广东经济出版社（广州市环市东路水荫路 11 号 11～12 楼）
经　销	全国新华书店
印　刷	广州今人彩色印刷有限公司
	（广州市番禺区大石街会江村石南二路冠美工业园子号楼）
开　本	787 毫米 ×1092 毫米　1/16
印　张	11.5
字　数	97 千字
版　次	2022 年 1 月第 1 版
印　次	2022 年 1 月第 1 次
书　号	ISBN 978-7-5454-8188-4
定　价	100.00 元

图书营销中心地址：广州市环市东路水荫路 11 号 11 楼
电话：（020）87393830　　邮政编码：510075
如发现印装质量问题，影响阅读，请与本社联系调换
广东经济出版社常年法律顾问：胡志海律师

作者简介

钱浅：

美美咨询企业、美云美服企业创始人；

阿拉善SEE珠江中心会员；

高校客座教授；

IBH亚洲卓越商业奇才奖得主；

战略架构师、当代诗人、畅销书作家。

曾著有《老钱观美业》系列和《超级产品经理》《理想与召唤——美业企业文化构建》《大销》及诗集《六斤梅子酒》《我的正面 你的反面》等十余部著作，总发行逾20万册，深具影响。

前言：企业竞演的第三极

从长远的视角来看，一家成功的企业，既要拥有赢在当下的竞争能力，也必须同时具备活在未来的演化能力，竞争能力往往反映了企业在特定环境下的静态优势，而演化能力则代表着企业可持续发展的生态机能。当前对企业核心竞争力进行分析研究的焦点，主要集中在侧重市场运营层面的需求端和侧重生产链路层面的供给端，而往往忽视企业组织端对于企业核心竞争力的最终决定作用，即忽视“人”这一要素。

在市场需求端建立核心竞争力，人们往往只会关注和强调某个单一要素，比如品牌、产品、营销、渠道、流量、盈利模式等，这通常是对个别成功案例进行片面化解读的结果。单一要素的强大可能会让企业在短期内从同质化竞争中脱颖而出，但随着时间的推移它最终只会导向强调战术应用的微观视角，却无法形成真正领先于市场的全面竞争力，因为市场运作的成效最终依靠的是由多种要素及其关联机制所构成的复杂商业系统，企业对整个商业系统的构建及运作水平可以作为其核心竞争力的主要来源之一，系统优势会在市场的成熟期集中显现。

在生产供给端建立核心竞争力，唯一的途径就是掌握产业链中的核心资源，比如生产资源、技术资源、资金资源、信息资源、权力资源等。哪些资源可以构成核心竞争力，取决于该产业领域的本质属性及主要驱动力，有些产业主要由技术驱动，有些产业主要由资本驱动，而有些产业则有赖于政策驱动等。由核心资源所形成的企业竞争力往往是一种非对称性竞争优势，它能够不依赖于其他层面的优势条件而单独成立，在进行产业布局时，理智的企业都会选择避开有此类非对称竞争者存在的产业领域或赛道。

本书将企业的组织力称为企业竞争的第三极。关于第三极，除了市场需求端与生产供给端，侧重协作效能层面的组织端也可以构成企业的核心竞争力，不过这一端口的重要性通常被企业忽视和低估了。组织力可以弥补企业在商业系统与核心资源等竞争层面的弱势或不足。事实证明，强盛的组织在商业模式趋同的框架之下，即便在机遇平淡的领域抑或白热化激烈竞争的赛场，依然可以取得卓越的成就。企业竞争的真相就是：不是一种境与另一种境的竞争，不是一种物与另一种物的竞争，而是也终究是一群人与另一群人的竞争。组织力决定了组织群体的作用及其协作效能。

综合来看，商业系统本身是一系列基于科学决策的客观规律，这种规律具有普遍适用性和可复制性，商业系统的成功通常都是建立在对共识规律的遵守而非创新发明上，所以它无法形成某个企业专属和排他的独特优势。而对核心资源的掌控是极为的，往往由历史的积淀、代际的传承或偶然的机缘所形成，所以于绝大多数企业来说，核心资源更像是一种可遇而不可求的运势，刻意去寻求这种竞争优势往往是不经济和不现实的。相较之下，只有发展和强化组织力才是形成企业所独有、主观可增强、预期可实现的核心竞争优势的唯一途径。不同企业组织力的构成要素、作用机制及表达风格往往呈现出极大的差异化，但只要其最终能够实现组织效能的稳定发挥和持续提升即可，并没有强制性的约束条件和统一标准。

对于企业而言，组织力不仅是一种核心竞争力，而且还决定了企业的演化能力。企业的演化能力是一种生态机能，在企业的生态系统中，人是最重要的变量因素，其他的一切演化，无论变革、转型、进化或传承，都是以人为中心而生发的，所以组织力对于企业的重大意义，不仅在于取得当前的竞争优势，更在于获得可持续的发展空间。

组织力同时决定企业的即时竞争能力与长期演化能力，企业的组织力应当也必须是一种独特的能力，只有符合企业组织本身的背景和属性，才有可能走向独立自主的成功之路。很多企业希望通过学习并复制那些成功的大型企业的组织管理经验实现组织力的提升，这种看似走捷径的照搬主义通常只会导致一次又一次的失败。人们对组织力认知的最大误区就是组织力应该由组织多数成员的共性所决定，所以人们对企业文化、管理机制、人才结构等话题表现出极大的关注，而实际上，组织中领导者个体自身对组织所产生的作用力才是关键所在，领导力决定了组织的独特性，领导力是组织内一切共性的源头和起点，领导力是组织力的关键构成要素及核心驱动力。

我们通过对大量的企业进行长期跟踪和深入剖析发现，很多企业的失败或发展受限，并非是由市场运作能力或管理水平的缺陷所导致，根本原因在于领导者领导力的匮乏。尽管很多企业的领导者拥有远大的抱负和超凡的能力，并被认为是富有魅力的英雄人物，但这并不意味着他们拥有真正的领导力，他们可能只是承担了作为高级管理者的职责，或者错误地定位了领导者应有的角色意识和作用方式。人们对于领导者在企业中的重要性存在普遍的共识，但对于领导力的认知却是模糊不清的。

据此，本书作者给予领导力全新的定义，并创造性地提出了“封闭式领导力”这个能够实现领导力高级效能的应用性理论。“封闭式领导力”是由感召力、预见力和封闭力三个不同维度的作用力所构成的，分别实现领导者对组织所产生的三种关键效能，即凝聚激发、变革发展和稳定固化。三种不同维度的作用力既可以对现有组织内的领导力水平进行立体化的评价和解析，也可以对领导力在实践中的应用提升产生精准有效的指导作用。

本书的意义不仅在于对领导力应用理论的深入解析和阐述，并帮助更多的企业家充分认知和发挥领导者在组织中的作用，从而实现企业的高效治理和健康持续发展，更重要的是，作者以迫切而强烈的姿态鼓呼这样一种领先观念：立足于长远的成功的企业必须同时具备即时性的竞争能力与持续性的演化能力，而其关键的决定要素，正是领导力本身。时代呼吁更多卓有成效的领导者诞生。

最后，鸣谢王柏霖老师参与本书的编辑与整理，希望此书能够有效助力所有前行之路上的领导者。

2021年8月21日于广州

目　录

第一章

ZuZhiHuanSan

组织涣散

尽管诸多组织在市场需求端建立核心竞争力、在生产供给端建立核心竞争力得以立足或发展，但从个体化到公司化再到集团化，大多领导者自身的领导力却并未随着组织的壮大得以晋级。依照小马拉大车的惯性，这些自身领导力有缺陷的领导者，在庞大的组织面前显得捉襟见肘。领导力决定组织力，组织大了，组织的组织力水平没有跟上，顺理成章，绝大多数的组织伴随规模的扩张慢慢发展成为一个涣散的组织。组织涣散从现象上看有六种集中的表现：臃员定律、竞低文化、追求短线、守旧势力、山头主义和组织分裂。组织作为生命体存在的一种形式，组织涣散是组织生命体内的一颗毒瘤，将对组织产生巨大而持续的破坏作用。当我们深入研究这些涣散化的组织时，我们可以显而易见其短生命周期的宿命征兆。

一、臃员定律

臃员定律认为人都是自私的。所以经理人和领导者（老板）博弈的方式如下：一是加薪，二是在薪资固定后少干活，从而实现自身利益的最大化。组织规模小时以直接管理为主，领导者亲力亲为，所以知道怎样监督人，怎样用人，该用多少人。公司大了，以分级式的间接管理为主，领导者不直管的地方，就很难知道怎样用人，用多少人。于是用人权就转到了经理人手上，经理人就可以通过扩部门、加人员，使工作变得轻松，追求利益最大化。而同级经理人和他们的下属也有相同追求，因此攀比效仿成风，从而使部门扩张、人员增加的要求被不断放大。由此组织的部门就会越变越多，层级也会越来越复杂，而效率却越来越低。3个人能干的工作，分给20个人干，增员不增效，组织无效扩张，我们将此定义为臃员定律。

目前“主流”的观点总是强调通过加强管理来解决此类问题。如：定岗、定编、定员、定效、定流程、定费用等。多数领导者的惯性思路是出了问题就请人专门来管理，但是，专门来管这件事的人只要不是领导者自己，依然会出现同样的问题，因为受命于此的经理人，都具有拿同样钱少干活的追求。所以，领导者要求加强管理的行为反而会使公司的效率下降，费用上升，劳资矛盾激化，臃员增加，使庞大的组织进入涣散扩张的死结。

二、竞低文化

竞低文化的直观表现为：组织内部成员干活和差的比，挣钱向多的看。当一个组织的内部成员将挣钱作为唯一工作目的的时候，组织的推动力就会极其退化，趋向于涣散。领导者是个别人，员工是大多数，企业越大，领导者对情况就越不了解，只能通过经理人来管理企业。而广大经理人因利益相同就会团结一致，在臃员定律普遍存在的交相呼应中，在组织内部形成全面、深刻、普遍追求低压力、低效率、低指标、少干活、图轻松的竞低文化。

消极怠工是经理人高度认同的文化。因为领导者的“鞭打快牛”会使今天的努力变成明天的陷阱。组织的指标总是年年定，年年完不成，明知完不成还得年年定。在很多组织内部，定高指标时，领导者也没指望大家能完成，只是防止经理人偷懒。代理制家族企业的竞低文化则是一个组织内部绝不可轻易触动的“铁律”，违规者将被经理人群起而攻之及被老板“鞭打快牛”！经理人中哪个“傻帽”敢大超指标，不被大家群起而整死，也得被第二年领导者的“高”指标拍死。结果总是，指标定得低，多数也完不成，老板众怒难犯，年终红包还得给，由此进入竞低文化的劳资共识和恶性循环。组织各方面指标的制定者、执行者、考核者、受益者都是经理人，公司大了老板也无法搞明白。所以，经理人不会定高，而是定低。定低会获得大众的拥护，也符合自己的利益。

臃员定律和竞低文化是低效能式组织涣散的两种表现，它们的存在是对目前完全以管理者为中心的管理思想、管理理论的深刻批判、反省和否定。它告诉我们，缺乏领导者的领导力作用，离开组织成员的主观能动性与自主性，用管理者完善制度进行组织效率的维护是行不通的；这种单一的方法从上到下，一级管一级，必然效率递减；目前管理方法越“科学”，臃员反而会越盛，组织越趋于竞低状态。领导学认为，领导是管理的中心，制度只能是辅助，只有领导者不完全依靠物质刺激或强迫，而凭领导感动去吸引和鼓舞，才能对组织状态产生自内而外的激发作用。

三、追求短线

领导者经常会对组织内的经理人过度追求短线而忧心忡忡。在领导者的眼里，这些经理人总是对于组织的未来漠不关心，通过“另损法则”即靠损失其他方面更多的效率换取增长，甚至运用破坏性的短线手段来实现即时结果上的突破。在很多组织内部，领导者为组织更长的生命周期的诉求，努力与组织内的现实派进行博弈。基于这种博弈，领导者很多时候期望通过帮助其提升责任感来实现与下级组织成员达成共识。然而，即便领导者费尽心机，也只能看到当经理人的短期利益和组织长期价值博弈的时候，最终胜利的一定是短期利益，而不是长期价值。经理人所提交的激进计划，常常被领导者否定，所以，领导者常被视为别有用心的“坏人”，他阻碍了经理人所管辖的组织拿到更大的当下结果。于是，在繁忙的以当下结果作为唯一价值标准的组织内，领导者倡导的长期主义被束之高阁，组织进入盲目发展的状态，唯当下结果论化作组织的价值取向，每个人都为能够达成指标而心高气傲。这个组织表面上风风火火，但实际上已经高度涣散，正盲目乐观地迈向深渊。

四、守旧势力

当一个领导者所推行的变革受到阻挠的时候，守旧势力已在涣散的组织内部崭露头角。作为曾经功劳派的代表，守旧派势力位高权重。这些守旧主义者多表现为抱残守缺，他们干什么都中规中矩，说什么都有章可循。他们拒绝新鲜事物，拒绝变革，拒绝同外界进行交流，拒绝挑战更大指标，拒绝向未来看。自诩守正的保守主义令组织观念落后和愚昧，如此看似组织稳定，实则蕴藏着巨大的风险。守旧势力的存在动摇了组织内部成员对组织的信心，他们在变革和保守两种声音下无所适从，明哲保身，组织慢慢进入僵化状态。“变者，天下之公理也”，一个被守旧势力所“绑架”的组织表现为在发展中逐渐涣散。由于僵化静止，随着时间的推移，组织不再适应环境，不再适应时代，彻底失去健康与活力。

追求短线和守旧势力是战略式组织涣散的两种表现，其形成的原因本质上是该组织缺乏具有远见的领导者。由于领导者预见力缺失，因此领导者未能对环境、局势的影响要素及事物演化规律的一系列逻辑关系进行把握，更难以与组织内的成员达成共识。在一般认知下，领导者通过不断预见后的果断决策推动组织发展，守旧势力并没有可以生存的土壤。事实也证明，那些持续领先的组织，正是通过其领导者不断预见、创新和决策，才对组织可持续状态产生了自远而近的可持续干预作用。

五、山头主义

毁掉攀登者的往往不是一座高山，而是鞋里面的一粒沙子。在领导软弱的组织里，以宗派为出发点的团伙、拉帮结派的思想与行为盛行，这就是山头主义。山头主义在一定程度上是裙带关系的产物，是个人对抗组织、特定群体挣脱组织监督的手段。山头主义是组织涣散的突出表现。在山头主义横行下，组织涣散，纪律松懈，领导者被架空，上有政策，下有对策，有令不行，有禁不止，利益输送成风。由于山头主义的存在，组织慢慢被分割成一个又一个利益集团，整体生态遭到破坏，组织的综合效力大打折扣，领导者不能一杆子插到底，上级做事要看下级脸色，山头大王们各自为政，组织内部思想混乱，权威失衡，关系复杂。山头主义一是由于组织历史发展的原因形成的，二则来自领导者自身领导力的不足，即下级领导者立一份战功就建一个山头，有了山头，就阻断了一层领导关系。一个良性的组织一定是对内封闭的，这种封闭符合组织的根本利益。在领导者自身的领导力不足的组织里，就不能实现对组织的封闭与控制，由此，不仅令投机分子有机可乘、有缝可钻，也时常带来组织分裂的风险。

六、组织分裂

组织分裂是组织涣散的最高表现形式。对任何组织而言，组织分裂代表的是组织力最大的失败。组织的分裂不但令组织产生巨大的损失，更在很大程度上动摇了组织内追随者对组织发展的信心，将组织置于倒退甚至毁灭的境地。组织分裂是很多小微组织永远长不大的最直接原因，表现为立盘就散盘，一哄而起，一哄而散，反反复复，组织难以固化。而就一些中大型的组织而言，在新组织成员流量不足的前提下，心存异念的存量组织成员的分裂与反叛也同样会带来严重的伤害，甚至会促使该组织因组织的真空，突然之间失去在市场中的领导地位。组织分裂的前兆就是山头主义，消除山头主义可以有效降低组织分裂的风险。可以说，领导者治理下的组织分裂，是领导者在其领导历程中所犯的最大错误，其不仅反映了领导者领导力不足而导致的组织失控，更在很大程度上反映了该组织组织力的严重不足。在组织的良性成长中，稳定固化是极其重要的因素，那些能够建立领先性组织的领导者无一不对此有着深刻的认识，并身先士卒，为组织的安定团结付诸行动。

山头主义和组织分裂是失控式组织涣散的两种表现，其形成的原因本质上是该组织领导者领导力不足。由于领导者缺乏封闭式领导者，导致领导者未能实现对组织的思想封闭、权威封闭与关系封闭。过度开放的内组织环境，让山头主义跳出来成为组织进步的拦路虎，让另有图谋的组织分裂者找到了滋生的温床。事实上，领导者通过封闭式领导作用于组织，能够帮助组织沉淀组织存量，实现组织协作和高效，通过领导手段推动组织净化、固化和进化。

综合以上，我们列举了组织涣散的六种表现，通过这六种表现，我们可以更加客观地认识到一个领导者的领导力对于一个良性发展的组织的重要性。很多组织的领导者目前陷入管理无解的境地，他们努力学习，不断构建方法论；他们学习战略、学习管理系统、学习执行力、学习标准化等，但当他们掌握这些知识和方法后，却并没有达成自己预设的目标。究其原因，作为组织的领导者，不应该从外部寻求解决问题的途径，而应从自身，即领导者的自我领导力方面去寻求突破。领导强、组织强，组织强、企业强，这是一个自上而下，自内而外的组织发展正确逻辑，从大量例证来分析，我们所学的方法论在很多时候无效的原因，都归咎于领导者领导力的不足，即其不能有效实现对组织的作用，并达成重要成果。所以，一个组织的领导者唤醒自身的领导意识，并修炼独特的领导艺术，才是组织成功发展的致胜之道。

第二章 领导者意识

LingDaoZheYiShi

是否存在目的与任务，是组织与非组织显而易见的区别。为了更好地达成目的与任务，领导者将领导意志作用于组织，持续表达使命与长期目标，并始终以此保持组织努力方向的一致性。

一个领导者，首先要具备的就是领导者意识。作为真正的领导，其肩负的责任要求他必须坚定地贯彻执行组织所赋予的目的与任务。基于此责权前提，领导者意识的根本在于自我角色的确认，领导者应该把自己当作领导，从自身确定领导角色，即“我是领导者，你们是追随者”，并在实施领导的过程中，不断地巩固自己的领导地位，不断强化追随者的被领导地位。

就很多企业而言，很多领导者实际担当的角色模糊不清，没有做好领导本分，因此组织并没有实现可持续的发展。即便在组织的某一阶段，有人在领导才能上有着过人的天赋，有人掌控空前的权力和资源，但他们未必是真正意义上的领导者，因为他们自身对于领导者意识并没有认知和觉醒，而意识决定了事实，即组织推动他在向前，而非他推动组织向前。

任何组织都需要一个不可替代的领导者，而领导者意识则使其成为真正的领导者，履行其对组织肩负的责任与义务。

第一节　中心意识

一、中心是组织存在的前提

“人无头不走，鸟无头不飞”，没有领导中心的群体，根本谈不上组织。由群体意识所左右的组织，一定会走向不负责任的躁动、不受控制的混乱和不够理智的愚昧状态。世间万物，都有中心，广博如星系，以恒星为中心，如我们所处的太阳系，无数的行星、卫星、彗星、流星、星际尘埃等都依附环绕于太阳，失去太阳的护佑，一切都会被撕裂和吞噬。微小如细胞，也有居中控制的细胞核，失去细胞核，其他物质立刻会变为无用的流质。人是社会性动物，因为共同的利益需求而结为群体，群体的劳动协作是高效的生产方式，但群体意识通常是混乱而有害的。法国社会心理学家古斯塔夫·勒庞在其著作《乌合之众：大众心理研究》中指出：“个体愿意抛弃是非，用智商去换取那份让人倍感安全的归属感，作为整体，他们的所作所为就不会再承担责任，这时每个人都会暴露出自己不受约束的一面。群体追求和相信的从来不是什么真相和理性，而是盲从、残忍、偏执和狂热，只知道简单而极端的感情。”

二、领导者是组织唯一的中心

一个所属的组织需要一个中心，中心强则组织强，中心弱则组织弱。纵观历史，一个强有力领导者的消失，或者一个领导者由强变弱，都使组织由兴盛变为溃散、衰落。领导者要有中心意识，即以自我作为所辖组织的中心，并强化这一中心地位。

领导者是组织创建与发展的基础，领导者的中心意识要求领导者从意识上确立自我的主导、权威和正义，并持续巩固这一地位。领导者的中心意识并非以个人为中心的英雄情怀，而是为了目的与任务达成所必备的合力、效率和扩张。中心意识是不以其他意志为掣肘的，是不以环境变化为转移的，是不以世俗规则为约束的。

三、中心以拉力产生凝聚力

领导者身在中心所释放的所谓光芒作用形成拉力，构成组织的凝聚力。领导者自身所释放的所谓光芒，可以让全部的追随者内心形成排他式的能量，这种拉力对于组织的凝聚是其他任何力量所无法替代的。同时，该能量能感化更多的人进入组织，实现组织创建与发展。组织内部持不同意见者时刻都会对组织的一致性提出各种挑战，以领导者为中心，则让组织围绕中心，组织内只存在一个声音，这个声音代表组织的最高意志。消除杂音，组织个体行为就会趋向一致，组织的效率就会从根本上得到改变。

因此，每个群体都需要一个领导者站出来承担责任，领导者必须冲破群体意识，把符合客观规律的领先思想当作群体的最高意志来表达，并在中心持续发挥作用。这不仅是为满足领导者的个人需要，更是整个群体利益的最佳选择。各级组织都有中心人物，领导者就是组织的中心，而领导者只有从意识上具备这种担当，才能时刻把握全局，持重而行。

以下为两种架构，一种是职能化组织架构（见图2-1），一种是领导者中心架构（见图2-2）。在一个先进的组织内，两个架构并存。

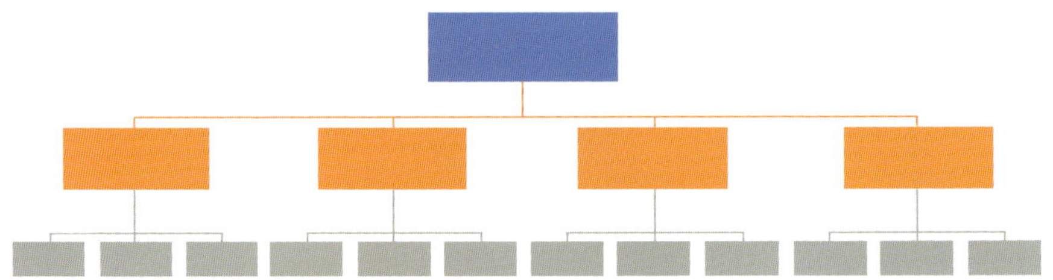

图 2-1　职能化组织架构

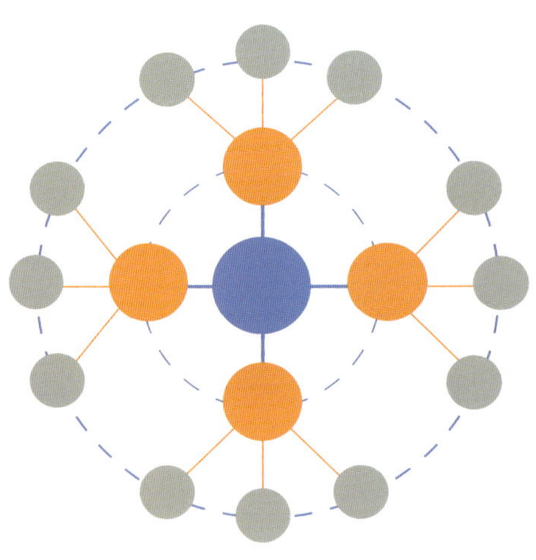

图 2-2　领导者中心架构

第二节 笼罩意识

一、领导者要有笼罩意识

何为笼罩？“笼”是强思想输出，“罩”是强关系锁扣。

排除历史原因外，一个企业组织的规模与层级往往取决于领导者的笼罩水平。一个领导者对于自身领导力的直观判断就是你能笼得了多少人甚至多少能人，以及你能罩住多少个层级甚至多少个单元的组织。相反，企业经营失败，通常并非由经营不善所导致，组织的涣散与失败对企业的影响一定大于经营不善对企业的影响。领导者笼不住就会分散断裂，罩不住就会混乱失控。

二、“笼”是强思想输出

领导者强化组织的主要方式就是持续输出思想，思想必须立意深远，才可以促使组织个体的万信归一。领导者代表着一种领先思想，并以传递和植入这种思想的植入影响每个个体，当思想统一的时候，大家都会用一种方式思考，组织的合力就会增加。从思想输出的角度而言，作为组织目的的中心，领导者无时无刻不在树立和论证组织存在的意义。而当组织一旦贯穿了这种思想，即形成群体价值认同，组织整体就会从谋求个体的收益升华到追求一幅预见性的图景画像，并坚守相应的原则和底线，从归属上与其他的组织区别开来，并愿意为此做出足够的牺牲。

三、“罩”是强关系锁扣

领导者黏合组织的主要方式就是构建关系锁扣，锁扣必须强固而多元才可以使关系和谐持续。从强关系锁扣而言，作为组织关系的中心，领导者与下属的关系不仅局限于工作范畴，越重要的人才，应缔结越紧密、多元的关联，比如合伙人关系、科研关系、朋友关系、师徒关系、嫡亲关系、联盟关系等。关系之中，必有锁扣，锁扣的强弱，取决于领导者所掌握的核心资源、领导者的关键能力、领导者的生活志趣，以及这些资源、能力、表现所能释放的能量大小。

四、笼罩水平决定组织规模

通常，一个领导者的笼罩水平，决定了一个组织的规模。

领导者的笼罩意识，使领导者把人当成工作对象的第一主体，并通过领导力的持续作用实现组织增量扩张和存量保有，聚焦于强思想输出，聚焦于强关系锁扣的建立，像一张大网一样笼络英才，把控组织，锁定人才，并通过累积与沉淀，打造出一支高度统一、高强度、高黏性的铁军。

第三节　效能意识

大部分不关注领导效能的领导者都是失败的领导者，尽管他们秉承天道酬勤的理念每日呕心沥血地工作，却依然由于组织的涣散而没有达成更高效率并推动组织发展，由此达成更高目标。工作中作用对象的偏差、组织执行力的不足、组织成员不乐意为组织奉献、组织内各自为政等现实，事实上反映了领导者领导的失败。因此，这种组织的重要特征就是成员层级越高、越繁忙，组织内更重要的事物却无人问津，组织始终处于初创期的幼稚状态。而从另外的一个维度测评，追随者对领导者的态度、看法以及观察到的领导者对团队实际作用的评价，也往往能验证这点。领导者是否真正发挥效能，往往通过结果即可以被验证。

一、领导者要有效能意识

领导者的四个核心工作是：建立目的、影响他人、推动变革和达成共识。领导作用的对象、领导作用的方式和领导作用的落差构成领导效能的三个要素。

二、领导作用的对象是人

力在何处，功就在何处，领导作用的对象是人，而非事务。领导者工作的方向为对人不对事，而非对事不对人。就这点来说，这是一个领导者与一般管理者最大的区别。我们可察一个卓越领导者的行为模式，从中可找到其发挥作用的主要线索。与平庸的领导者不同，卓越的领导者与成员分享信念与价值。领导者与成员彼此信任、领导者激励成员实现目标、领导者构建组织成员的配合与协调、领导者与成员共同学习和分享新的知识、领导者构建内外部资源对成员进行支持、领导者推动变革追求组织更大的成功、领导者培养成员的自信与技能等，都是作用于人。

好铁捻不了几根钉。领导者要把主要的时间和精力花在人的身上而非事情上，他的绝大部分精力是找到人，然后经营这些人，不断应用思想统一、帮助、激发、灌输、指导、意见、建议、交流、关怀、要求、提拔、批评、教育、打击、肃清等多种工作方式，像经营企业一样经营人才，因时制宜，因材施教，并坚持不动摇。所以，好的领导者都有白天琢磨事、晚上研究人的工作习惯。与身先士卒的低效能领导者比较，那些从组织初创即聚焦于人，沉于深化组织、强化组织、优化组织的领导者势必能带来更大的组织成果。

三、领导作用的方式必须强硬

不管是风格上铁腕的还是绵柔的高效能领导者，都有一个效能共性，那就是恪守原则，坚硬不软弱。

坚硬是领导者的基本素质，也是衡量一个领导者效能强弱的晴雨表。坚硬等于坚定，坚硬等于力度，坚硬等于原则性，坚硬等于明确，坚硬等于领导权威，坚硬等于无条件服从。领导者传递明确和坚决的信号，指令才可以保证不被曲解和打折扣；领导者不是讲道理，而是立道理，其专断性决策在实践中暴露无遗。下属需要的不是揣摩和理解，而是服从和执行。无论运用刚性的还是柔性的表达方式，其本质都是坚硬的、不软弱的，代表着领导作用的力度。组织的统一性、强执行力、良好的工作作风、透明高效的治理环境，以及其成员旺盛的斗志、高度自信、创新的精神无一不是一个好的领导者内在强硬的结果。

有硬度的领导者都有一颗强悍独立的内心，这就是他的担当。好的领导者能够对自己的权责持续确认，大胆决策，强硬地对下级一直提出超越其当下能力的要求，并习惯于以不容置疑的姿态对下属发号施令，不断地用“我要求……”“我命令……”“我提出……”“我针对……”我决定……”这类的指令方式。

四、领导作用的落差表现为臣服

领导者可以通过影响作用于追随者，令其进行自我管理。这种自我管理的程度和领导者施加影响的强度有关，当此种影响到达追随者自我内化并固化的程度时，就形成了领导上的臣服。这种下级臣服与强制完全无关，更非工具性服从。臣服意味着完全认同下的自我奉献，是指追随者在协议之外付出更多。协议是等价交换，臣服则是心甘情愿的更多付出。检验下属是否臣服于领导者，就看下属能为组织奉献多少。领导这两个字本身就是不平等的，一些创造更高效能的领导者善于应用这种不平等，甚至通过手段制造更大的落差，进而增进追随者臣服的程度。当然，这种臣服一定是为了实现组织的目的和任务，符合组织的核心利益，绝非个人崇拜和迷信。这种臣服下的奉献又反作用于领导者，让其肩负组织更大的责任与使命，加强自我约束，并对追随者做出更大的付出，对组织做出更大的牺牲。

制造臣服是一种超高效能的领导关系。其创造了一种追随者自我管理的能量场，实现了领导者的无为而治，一呼百应。

综上，领导者要有效能意识并牢牢把控。领导作用的对象、领导作用的方式和领导作用的落差是领导效能的三个要素，领导者的效能直接影响追随者的态度和行为。

第三章

LingDaoZheYu

GuanLiZheDeChongTu

领导者与管理者的冲突

领导者和管理者是非常容易被混淆的概念。很多实际上的领导者，在组织中被定义为管理者；很多名义上的领导者，在组织中只是充当了管理者的角色。领导与管理对于一个企业组织同等重要，一个人自然可以兼备领导力和管理力，但领导者和管理者的角色定位却是冲突的，一个人不应该既做领导者又做管理者，因为两者代表着迥然不同的立场和思维方式。

管理者重视稳定性、标准化和效率性，他们具有非人性化、规避风险以及专注短期结果的特点。领导者则重视灵活性、创新性和适应性，他们既以人为本，也重视经济结果，在目标和战略方面具有长远眼光。管理者关心的是如何完成工作，并试图使人们做得更好。领导者关心的则是什么工作对组织更重要，并试图与组织成员在更高维度的目的上达成共识。

美国领导学专家加里·尤克尔指出，“管理者正确地做事，领导者做正确的事”。用管理者的立场和思维做领导者，往往会导致组织的脆弱和僵化，这样的组织不会拥有可持续的发展性。用领导者的立场和思维做管理者，往往会导致组织的狂热而无序，这样的组织不会拥有足够的即时效率与章法。事实上，对于一个组织最好的方式是领导者找到管理者，而一群管理者应该推举出一个领导者。

领导者和管理者的角色冲突主要体现在以下三个方面：是坚守信念还是坚守方法论；是变革还是循规蹈矩；是目的导向还是结果导向。

第一节 信念系统 vs 方法论

一、领导者是信念系统的守护神

组织的凝聚和发展，首先依靠统一思想。组织内思想不统一，就会有对抗，就会有分裂主义，就会出现破坏分子。组织中发生的一切问题，最终都是思想问题，组织成功的标志在于统一思想的成功。

领导者要统一组织的思想，唯一的途径就是依托于创立或继承信念系统，强大且恒定的信念系统彰显组织存在的目的和意义。在这个系统中，应涵盖三个层面的内容——信、念、法。

“信”是要确立组织的使命愿景，让组织成员摒弃个体感受和小我利求的局限性，从而拥有牺牲、奉献的精神，共谋更大的理想，致力于更崇高的人生追求。

“念”是要彰显组织的理念主张，明是非，懂取舍，遵循共同的价值观，形成标尺对照，树立正面典型，同时从源头杜绝不正风气，不给坏思想的萌生提供土壤。

“法”是要修订组织的基本法，形成独有的治理架构，营造严肃的法制环境。基本法是组织文化得以贯彻落实的政策保障，也是指导各项经营管理活动的基本行为准则。

领导者通过建立信念系统赋予了组织神圣的光环和锋利的宝剑，吸引、凝聚、约束着组织成员，并使之拥有强大和坚定的精神力量及持续变革发展的内在动力。

二、管理者是方法论的工具人

管理者为完成既定的工作任务及提高组织效能，依靠的是一套格式化的方法论，这些方法通常包括市场研究、市场方案、业务流程、生产品控、运营计划，组织架构与分工、胜任力模型、绩效考评、督导制度，行政、财务流程制度，等等。施行这些方法的目的是显著提升组织成员的工作效率，实现更好的分工协作与资源匹配，保障组织执行结果和秩序。管理者作为方法论的工具人，他们会以“事”和“物”为工作重心，创造出一套标准化的系统，并把人置于该系统之下。管理者虽然也会关注组织成员的现状与成长，但在具体任务目标的压力之下，他们必然会聚焦于工作目标与结果本身，化身为高效的、严厉的、非人性化的监管者与数字工具的创造者。

基于不同的角色与定位，领导者和管理者都在用自己不同的方式推动组织的建设与发展。比较而言，领导者靠“场”领导人，管理者靠“术”管理事，“场”无形因而弥漫无边，“术”有招因而作用有限。领导者和管理者的作用对象不同，作用方式不同，对组织产生的影响自然存在很大差异，以领导者倾向人物为核心的组织和以管理者倾向人物为核心的组织会形成区别迥异的组织力。

第二节　创造变革VS循规蹈矩

一、领导者聚焦变革创新

更宏大的目的与任务塑造了领导者的特质，强烈的理想主义和危机意识通常使领导者对变革充满热情，这种热情使他成为十分敏锐并无畏挑战的人。通过不断的预判、权衡和尝试，为组织确定变革的方向，并使用权力和内外部资源，保障这一转变能够顺利进行，是领导者核心的工作之一。在这一过程之中，受信念系统牵引的领导者往往野心勃勃，经常提出令管理者瞠目结舌的大胆设想，并在推进中不断打破企业原有的、管理者们费尽心力建立起来的所谓正常的秩序。

随着外部环境越来越具有动态性及充满不确定性，领导者变革精神的重要性就会日益凸显，领导者决定将组织带向哪里，何时修路，何时加速，何时刹车，何时转向。相反，对环境变迁和市场演化不敏感，或者沉迷于过往的成功经验而对新形势抱臂旁观的领导者，已经不再胜任领导岗位，随着岁月的流转，必将在更富有创新精神的竞争对手面前败下阵来，逐步退化成为一个管理者。

二、管理者热衷秩序规范

与创新环境的领导者不同，管理者往往对所处的稳定的环境有归属感和依赖感，他们依赖于系统，厌恶计划外的突发状况，并对超出其职权和能力范围之外的事情感到恐惧不安。变革通常在他们眼中是无事生非的冒险举动，他们认为自己是现有秩序的

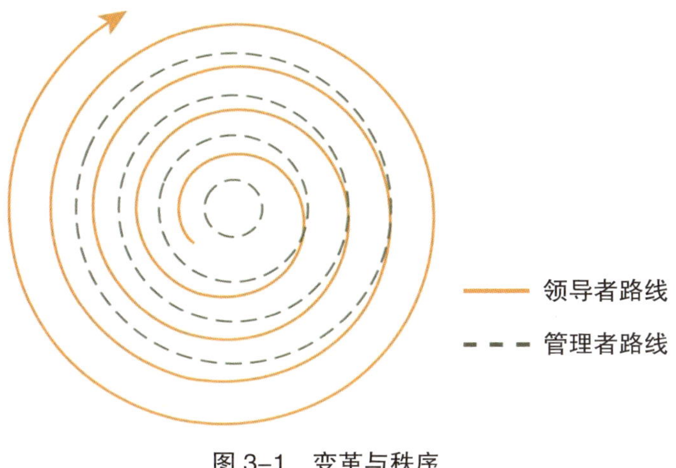

图 3–1　变革与秩序

维护者和监管者，他们的职责也强化了他们恪守量化数字、执行标准流程、平衡现有关系的能力和惯性。所以，管理者通常是循规蹈矩的，这是他们最舒适的生存状态，也是他们的优势所在，他们把组织建设成一部机器，并理所当然地成为这部机器的重要部件。当然，我们不是否定管理者对组织的重大贡献，也不鼓励一般的管理者去试图挑战既定的环境秩序，因为自下而上的改变动作往往意味着革命而不是改革。而那些基于更高诉求的、从秩序出发最终又挑战秩序的人，则会实现从一个管理者到初级领导者角色的转变。

由此可见，推动组织变革是领导者热衷之事和不可推卸的责任，但对于管理者来说，既非其意愿，也非其所能。

第三节　发起目的 vs 执行结果

一、领导者的发起目的为战略导向

为实现组织的终极目的和任务目标，领导者和管理者在组织赋能路径选择上会有很大的差异。领导者引领组织持续前行的战略导向使其通常希望运用非强迫手段影响组织成员自愿付出并保持激情与动力，因此会花费较多的精力阐述任务和目标形成的必要性、重要性、长期性，这个过程就是发起目的，并应用这个目的对组织进行干预、施加影响。在这一过程中，即便领导者偶尔运用权力的强制性去促成任务和目标达成，往往也是领导者的无奈之选，他会为动用这种特权而非全体共识生发的动力使然而感到失落与挫败。

在领导者看来，目的不是结果，也不是数字，目的是理想愿景，目的是持续动力，而目标仅仅是目的的一种保障。“我们想做什么和我们为什么而做”远比“我们拥有什么和我们能得到什么”更为重要。领导者作为组织的战略决策者和全局规划的设计者，非常清楚每一个阶段性和部分性目标对于长期全面目的的逻辑关联及支撑作用，因此他会对阶段性和部分性目标的达成保持清醒和较低的兴奋度，同时又对这种积极的走势产生乐观的情绪，所以每当出现一个皆大欢喜的局面时，领导者与其他组织成员的兴奋点与兴奋程度并不相同。

二、管理者的执行结果为战术导向

作为战略追随者和具体任务目标的执行负责人，管理者的注意力虽然偶尔会被转移到更长远、更激动人心的规划蓝图之中，但他们显然更注重当下的工作目标，有力执行并拿到即时结果是组织赋予他们的核心职责，通常也是他们接受测试与考评的核心指标（有时甚至是唯一的指标）。我们必须清醒地认识到，无论受到多么大的感召和鼓舞，管理者在执行工作的漫长过程中并不会获得多少欣喜及成就感，他们要面对很多与理想情形颇有差距的现实问题、重复动作带来的疲惫感及冰冷的数字目标给予的精神压力，基于此，管理者理应享受并着迷于完成阶段性结果所带来的愉悦和释放的情绪，这也要求领导者应拥有共情的能力。

领导者不断发起目的，是因为组织长期战略的发展需要持续的动力；而管理者重复执行结果，是因为组织当下的生存需要。不同的分工，导致两者的立场和思维方式存在差异。如果这种状况在同一个人身上发生，则会出现顾此失彼或者无所适从的混乱局面，令其在领导者和管理者角色之间摇摆不定。

图 3–2　领导者与管理者的冲突

第四章

FengBiShiLingDaoLi

封闭式领导力

领导学是脱胎于管理学范畴的一门新兴学科，在组织的不断演化过程中，学者们逐渐意识到，以通用的管理学理论系统和作用模型已经无法有效定义并指导领导者的核心工作。以往，领导者被视为拥有更大权力与职责的高级管理者，但如今，领导者与管理者两个角色被清晰区隔，甚至在实践中完全分列看待并各司其职。全球500强中的一些企业已经率先进行组织改革，一方面将组织发展部门从过去的人力资源部门剥离出来，另一方面将领导者在业务部门单列出来，担当专门的领导工作，统领或辅助业务部门的发展。

领导学的独立发展有着非凡的意义。众所周知，绝大部分组织的生命周期都很短，组织旺盛周期很多时候同步于某一核心领导者的强制周期，卓越领导者的出现大概可以通过企业组织力的结果进行评价。纵观历史，那些杰出的领导者无一例外都深谙领导学的奥义，跳出日常管理行为，做一个真正的领导者。对于领导学的研究将有助于解释并解决很多组织真正发展的瓶颈所在——管理者太多，而领导者太少。当下很多位居领导岗位的人通常只承担了管理者的职责，管理者能够实现对组织程序化的维护，但却无法实现组织持续的活力和稳定。这些问题都严重制约了组织的长期有效性和持续扩张性。

领导学的核心课题之一就是研究领导力。目前中外学界对于领导力的定义主要分为两个方向：

（1）领导力是领导者应具备的素质和能力。中国科学院领导学课题组的研究员苗建明、霍国庆（两人是领导力“五力”模型理论的提出者）和美国领导学专家加里·尤克尔（《组织领导学》的著作者）等人都持有这种观点。

（2）领导力是有效的领导行为在组织内所形成的一种结果。支持这一观点的是美国密歇根大学罗斯商学院的教授戴维·尤里奇（曾连续10年担任世界顶级管理学刊《人力资源管理》的主编）。

这两种理论对领导学的理论建设和应用都做出了很大的贡献，它们一个从领导者自身素质与能力建设出发，一个从组织的反馈和领导者行为模式出发。对领导力的两种定义方式本质上是对其理论应用场景的不同设定，因针对不同文化背景下不同的研究对象而产生了不同的结论。两种定义下不同倾向的典型代表是欧美与亚洲企业的领导者，他们的思维和行为导向虽然存在比较大的差异，但都对基于这两种理论进行研究实践的领导者产生了积极作用。

根据对大量领导者的访谈和管理咨询实践，本书作者进行了深入的研究，并在此基础上，从另外的视角给予了领导力新的定义：

领导力是领导者在领导过程中对组织要素发出的作用力。

该定义由五个要素构成：领导者、领导过程、组织要素、发出、作用力。领导者决定组织性质，领导力是领导者对组织要素作用的重要保障，领导过程是领导者发出作用力的基本因素，组织对领导者有反作用。

本书关于领导力定义的积极性在于我们不仅研究领导力的来源与构成，同时更关注领导力产生作用的方式、途径与过程，我们不局限于对概念的原理分析和静态展示，更为应用者明确了可遵循、可实践的立体式指导策略。

领导力既然是一种作用力，那么以怎样的方式发力呢？需要通过什么样的传导路径？需要采取什么样的过程管控？通过对这些核心问题的深入调查研究以及长期实例验证，我们最终提出了“封闭式领导力”这个能够实现领导力高级效能的应用性理论，从立体的维度进行诠释。

第一节　三元模型

封闭式领导力是一种立体思维方式下的复合作用方式。

一、不同维度的三种领导者作用力

封闭式领导力分为三个维度：感召力、预见力、封闭力。

感召力的定义：感召力是一种不完全依靠物质刺激或强迫，而凭领导者信仰的力量和领导者人格的魅力去吸引和鼓舞，所发出的对组织状态要素的激发作用力。

预见力的定义：在封闭式领导力三元模型中，预见力是一种能够洞见机遇、变革发展，引领组织走向未来，领导者通过预见、创新和决策所发出的对组织可持续要素的适应作用力。

封闭力的定义：封闭力是一种能够实现组织思想封闭、权威封闭和关系封闭的，领导者通过封闭所发出的对组织稳固要素的强化作用力。

感召力是封闭式领导力作用于组织的状态要素，预见力是封闭式领导力作用于组织的可持续要素，封闭力是封闭式领导力作用于组织的稳固要素。

封闭力、感召力、预见力这三种力在空间上向X、Y、Z三个坐标轴进行可量化扩展，进而形成对组织作用的封闭式的领导力体，领导力体的体积容量决定一个领导者领导力作用的综合效能，这个理论模型即为三元模型（见图4-1）。

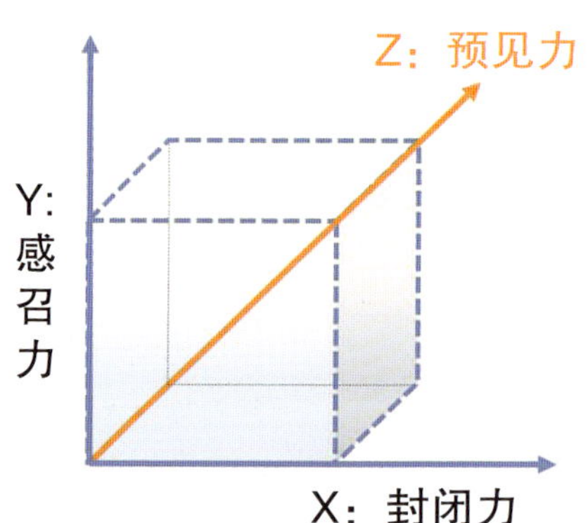

图 4-1　封闭式领导力三元模型

封闭力、感召力、预见力分布于三个元系坐标轴，轴线上的系数分别代表三种力的水平值，而三个坐标系数共同构成的体积容量则作为衡量领导力效能强弱的标准。三种不同维度的力并不是孤立存在的，它们之间又形成了各种复杂的相互作用力，在动态的演变过程中不断相互牵引或结构重组，最终形成了多样化的各种组织生态。

二、不同领导力的组织应用形态

三元模型可以有效评测和分析多种常见类型的领导力，以及不同属性的领导力对组织形态的影响（见表4-1）。

表4-1 不同类型的领导力组织应用形态

类型	要素	特征	组织形态	星级
X型	封闭力强 预见力弱 感召力弱	强关系 强控制	组织思想统一 组织稳固、人才持续 组织执行力 组织创新变革 组织新进人才数量 组织规模与发展空间 组织抗风险能力	☆☆☆☆ ☆☆☆☆☆ ☆☆☆☆ ☆ ☆ ☆☆ ☆☆☆

续表

类型	要素	特征	组织形态	星级
Y 型	感召力强 预见力弱 封闭力弱	理想主义 富有魅力	组织思想统一 组织稳固、人才持续 组织执行力 组织创新变革 组织新进人才数量 组织规模与发展空间 组织抗风险能力	☆☆☆☆ ☆☆ ☆☆ ☆ ☆☆☆☆☆ ☆☆☆ ☆
Z 型	预见力强 感召力弱 封闭力弱	持续正确决策 持续组织变革	组织思想统一 组织稳固、人才持续 组织执行力 组织创新变革 组织新进人才数量 组织规模与发展空间 组织抗风险能力	☆☆☆ ☆☆ ☆☆☆☆ ☆☆☆☆ ☆☆ ☆ ☆☆☆
XY 型	封闭力强 感召力强 预见力弱	强关系 强控制 理想主义 富有魅力	组织思想统一 组织稳固、人才持续 组织执行力 组织创新变革 组织新进人才数量 组织规划与发展空间 组织抗风险能力	☆☆☆☆ ☆☆☆☆☆ ☆☆☆☆ ☆ ☆☆☆☆☆ ☆☆☆ ☆☆☆

类型	要素	特征	组织形态	星级
XZ 型	封闭力强 预见力强 感召力弱	强关系 强控制 持续正确决策 持续组织变革	组织思想统一 组织稳固、人才持续 组织执行力 组织创新变革 组织新进人才数量 组织规模与发展空间 组织抗风险能力	☆☆☆☆ ☆☆☆☆☆ ☆☆☆☆ ☆☆☆☆☆ ☆☆ ☆☆ ☆☆☆
YZ 型	感召力强 预见力强 封闭力弱	理想主义 富有魅力 持续正确决策 持续组织变革	组织思想统一 组织稳固、人才持续 组织执行力 组织创新变革 组织新进人才数量 组织规模与发展空间 组织抗风险能力	☆☆☆☆ ☆☆ ☆☆☆☆ ☆☆☆☆☆ ☆☆☆☆ ☆☆☆ ☆☆☆
XYZ 型	封闭力强 感召力强 预见力强	强关系 强控制 理想主义 富有魅力 持续正确决策 持续组织变革	组织思想统一 组织稳固、人才持续 组织执行力 组织创新变革 组织新进人才数量 组织规划与发展空间 组织抗风险能力	☆☆☆☆☆ ☆☆☆☆☆ ☆☆☆☆☆ ☆☆☆☆☆ ☆☆☆☆☆ ☆☆☆☆☆ ☆☆☆☆☆

表4-1中不同类型的领导力组织应用形态，源自领导者自身的基因与领导经历，精进于企业组织的不断升级迭代。其对企业组织产生不同维度的作用力。在感召力、预见力、封闭力三元模

型之中，我们提出了构成领导力本质的核心支撑三个要素，即组织状态、组织可持续、组织强度。相对于传统领导力学说，本书封闭式领导力定义的提出，强化了新的支点概念——封闭力，封闭力作为组织强度的要素，对于组织的沉淀与稳固起到根本性的作用，是企业组织持续稳固的重要保障。

封闭式领导力的三元领导力模型最终构筑了立体化的评价及导引系统，将为各类组织领导者领导力的应用和提升起到理论指导作用。

为了让大家更加深入地理解领导力的三元要素，下面我们就感召、预见和封闭三个论题进行阐述。

第二节　感召论

从字面上理解，感召就是感化和召唤，感召力本质上是一种吸引力。古拉丁语对感召力有着非常形象的解释，叫作“神的魅力”。

一、组织需要感召者

组织的目的和任务需要一个载体，这个拥有“神的魅力”的载体往往就是组织的感召者。作为组织的发起者或者继承者，他肩负着组织的责任与使命，并应用这种责任与使命虔诚地去感召，他的感召能够吸引那些有着潜在共同的价值观念和理想追求，并愿意在当下做出牺牲和奉献的追随者，让组织得以形成。随着时间的推移，追随者蜕变为组织新的感召者，并吸引新的追随者加入，反复循环。在这一过程中，感召者可以同时感受到追随者的向上拥护和向前推动，自然就促进了组织的凝聚和发展的状态，并在有序壮大中始终坚守初心。

二、领导者必须是感召者

任何组织都遵循吸引法则，好的领导者似一块巨大的磁石对组织成员发生作用。一方面，领导者必须以感召的方式释放所谓的光芒作用并形成拉力，构成一个组织的中心。当中心存在后，强大的领导集体就被统一起来，他们持续对组织产生靶向作用。另一方面，领导者要找到一种恒定的方式去保持乃至不断增强自己的权威性和影响力，这种方式不会受限于领导者的学识和才智水平，不属于权力和地位的衍生品，不会被组织规模的扩张和时空的迁移所弱化，这种方式就是感召——难以描述的组织状态被鼓舞与发动。

三、时代眷顾感召者

在快速变化和充满不确定性的时代背景下，缺乏安全感、方向感的人们更倾向去追随一位强有力的感召者。在巨大的光环之下，感召者似无所不能，他似乎代表了一种事物发展的必然规律，他跨越了过往的苦难，他赢得了当下诸多挑战，他能够证明并彰显自己的意志和雄心。在组织成员的心中，感召者能够自信、坚定地带领众人追逐更美好的未来。

在这个媒介发达的信息时代，拥有广泛影响力的感召者更容易实现赢家通吃的局面，他们不仅吸引优质人才，就连时代的机运和社会的资源都会向他们倾斜和聚拢。

四、感召者是奉献者

坚守组织的使命是感召者生存的唯一土壤。感召者名义上是人心的获得者，本质上却是最大的奉献者。感召者得到更多的拥护，就意味着他要承担更大的责任，必须时刻警醒和严格约束自己，他必须保持坚强无畏、内化孤独。领导者如果没有牺牲和奉献的精神，就不会成为真正的感召者。那些一味谋求私利的人不可能成为真正的感召者——即便他一时得逞，也迟早会被拆穿而走向衰败，他身上聚拢的光芒也会随之消散。

五、感召者可学而至

想要成为一名真正的感召者，核心不是方法问题，而是决心意志的问题，是身体力行的问题。那些伟大的感召者——无论是神圣的传教士、烁古耀今的政治人物、卓越非凡的企业家或者公益运动的倡导者，他们所拥有的感召力都不是源自出身或天赋，从确立要用一生追求的宏图大志开始，他们就在修炼提升的道路上付出了常人难以企及的努力，他们不断吸收和积聚身心的能量，不断学习，寻求“道”之所在，不断摸索运行规律，不断推进转型变革，不断跨越挫折、牺牲和自我内在阻碍而得以成功。这些伟大的感召者为我们提供了足够清晰的修行足迹和丰满鲜活的实践样本。

第三节 预见论

美国领导力学家约翰·C.麦克斯维尔曾指出："领导者就是看得比别人多、看得比别人远、在别人看到之前看到的人。预见就是在他人之前预先看到环境的趋势、潮流、未来，看到问题的本质、发展、结果，看到事物成长的根基、路径、原则。"

领导者的预见，首先是基于一种辩证的、发展的、结构性的思维导向，这种思维方式使领导者拥有常人所不具备的独特视角和深刻思考。虽然他们会因为这种反常的特性而不被理解，但最终发生的事实却不断验证了他们的正确性，也不断增强了他们的权威性。

由于看到的东西不同，因此，领导者并没有必要总是去寻求组织成员的理解，而只需要不断强化他们的信任及服从的意愿度。相反，如果领导者总是能够在思想见解上与其他组织成员形成一致的观点，那么就代表这个领导者往往是平庸的和缺乏预见的。

预见力是组织得以延续和一个领导者拥有持续领导力的前提。贤者，预变而变，作为一个组织的舵手，对于环境趋势变化要有一种穿越时空的判断，这种判断是组织掌握先机和规避风险的依靠，更是组织必胜信心的来源和勇往直前的动力。

一、如何理解预见力

预见力是从强大的理想信念当中生发的定力。

实践证明，一个理想信念坚定的人，不会一遇到风吹草动就心神不宁，不会一遇到阻碍挫折就患得患失，不会一遇到矛盾困难就犹豫不决。领导者只有排除这些私心杂念的干扰，保持为实现组织目的而拥有的自信和坚定，才能看到真相、抓住本质、头脑清晰，准确预判形势。在组织内，有些人拥有很高的学识和丰富的经验，在短期目标的达成及普通事务的决策方面非常擅长，但是一遇到长远的、复杂的、充满风险与不确定性的重大问题时，就会变得思维混乱、头脑昏沉，就会产生畏惧和焦虑，就会举棋不定，这样的人很难成为有预见力的人，很难成为真正的领导者。每临大事有静气，静生定，定生慧，越是面临复杂的局面和重大的决策，领导者越需要保持静气和定力。这份定力靠坚定的理想信念来引领，靠强大的心性修为来支撑。

二、预见力是高级生产力

第一，预见的独特性和重要性在于，我们可以通过预见掌握发展的先机，并因此获得最佳的投入产出比。

第二，有预见的领导者会率先发现来自环境的危机，无论其来自经济、政策还是市场，在预判的前提下，帮助组织规避一个又一个风险。

预见性可以帮助组织提前建立全方位的壁垒，形成持续竞争优势。

领导者能够通过预见性对组织的健康和活力进行干预。

在激烈和多变的竞争环境中，只有先机才算得上真正的机遇。把握先机可以快速催熟做大，把握先机可以拥有更多创新和容错的空间，达成更层次的成果。否则，一旦这种机会成为共见共识，那就失去了起码的意义。对外预见发展趋势，可以让原本居于弱势地位的组织以小博大，实现弯道超车；让本就居于强势地位的组织提前布局，实现持续领先。对内预见发展趋势，可以提高组织的健康和活力。几乎所有大型组织的蜕变之道，都是因为准确地预判了形势，并据此投入巨量的资源及进行组织升级，从而获得了指数级的规模增长。

三、预见是科学机制

预见从根本上说是一种理性的预测和判断。拥有预见能力的领导者，依靠的是对环境、局势的影响要素及事物演化规律的一系列逻辑关系的把握，这就是预见的科学性。当领导者对环境要素足够敏感或者对演化规律准确推演时，他就会形成一种充满神秘色彩的“预感”或“直觉”。这种“预感”或“直觉”表面上匪夷所思，但其本质仍是一种训练有素的能力，是对海量的、复杂的、充满矛盾冲突的数据信息进行准确运算的能力，以及基于这种能力的果断决策。

这种能力的形成，有赖于领导者在远大理想下不断地探索、实践和历练。唯有进行具有前瞻性的不断探索，才能跟上时代发展的步伐，才能从容面对新的环境、新的矛盾、新的挑战。如果仅凭个人经验，而不会有效利用他人的研究成果和相关案例，便犹如闭门造车，就会犯经验主义的错误。科学技术和信息知识日新月异，新理论、新思路、新工具快速迭代，只有那些不断学习，善于在学习中借鉴和总结，不断保持思想先进性的人，才可能拥有科学、理性的预见。

预见力的形成还源自长期的实践和历练，因为很多突发状况和特殊情形是没有现成的经验和规律可循的，也没有成熟的模式可照搬。很多事情必须“摸着石头过河”，必须发挥我们的主观能动性和创造性，必须敢于承担风险和责任，既要开放思想、摆脱桎梏，又要实事求是、谨慎前行。正所谓实践出真知，没有谁可以保证预见的绝对正确，在坚定方向的同时，实践的过程是可以反复修正的，如果只囿于传统认知和既定路线，就会犯教条主义的错误。

四、预见者是长期主义者

预见者一定是长期主义者，因为只有具有长期主义意识的领导者，才会对未来充满兴趣。这里所讲的长期主义，不仅仅是一种方法论，更是一种价值观，流水不争先，争的是滔滔不绝。

短期主义者的成功，通常是机遇所带来的运气使然，如果依据这种偶然得出所谓的经验和规律，那一定会陷入极大的决策风险中。只有观察和预测事物的长期发展及趋势变化，才可能得到普遍适用的规律；只有坚持长期主义，才能获得科学有效的预见。

秉持长期主义，就要放弃按照常规时间计算投入与回报，而要按照事物的生命周期计算投入与回报。在长周期中，企业可以根据需要随时调整所有生产要素的投入数量，所有的投入都是可变投入，由此获得稳定的、可预期的、低风险的收益。

所以，领导者应该遵循长期主义，把企业的发展、存续置于一个更长的生命周期中，唯有如此，我们的预见才有现实的意义，预见才成为可能。

第四节　封闭论

当用心观察时，我们看到的绝大多数坚如磐石的大型组织都是封闭的。我们通常会用稳固和统一的强度去衡量领导力对于组织建设的成效，而在盛世周期时，领导者施加作用于组织产生的凝聚和统一的最高表现就是封闭。稳固和统一是没有标准指向的，而封闭则是一种具象的状态写真，这种状态是一个卓越的领导者所推崇的、致力于对组织控制的最佳理想状态。

我们在前文提到，组织架构的准确表达应该是一个以领导者为中心的密集环状结构，领导者居于核心位置并持续向组织外围发挥作用力。如果这个组织的环状结构不是封闭的，而是残缺、有漏洞和动荡的，那么组织中心的作用力就会被大大削弱，成员无所适从，那么组织的稳固和统一是无法真正形成的，组织的持续和稳定也不能得到保证，所以领导者必须通过强有力的控制手段实现对组织的封闭。在封闭式领导力的理论体系下，封闭力是构成有效领导力的核心要素，对组织效能有着深刻的影响。

接下来，让我们全面理解封闭对于组织的作用及意义。

一、封闭帮助组织沉淀组织存量

好的组织遵循外圆内方的法则，即对内封闭和对外开放并存。封闭组织帮助组织沉淀人才存量，减少人才减量，逐步累积、沉淀资深组织成员，因此组织的成熟度得以提高。在不断的沉淀中，组织的规模稳步实现扩充。组织需要稳定则必然选择封闭，在思想、权力和关系上的封闭能完全提高组织的纯粹性、独特性和一致性。

在狭义的认知观念中，一个封闭型的组织必然是与环境隔绝的、故步自封的，这种简单的字义解析完全曲解了作者对封闭的定义。我们所提倡的“封闭”实则是一种相对论。爱因斯坦的时空相对论讲的是时间与速度之间的辩证关系，而我们的封闭相对论则指的是稳定与发展之间的辩证关系。对内封闭与对外开放之间并不矛盾，相反，组织以整体形态而不是以分散的个体形态与外界环境发生链接、交换及反馈，这样能够获取更大的资源和助力，组织因此能够得到更具指向性和更高效率的发展。不以组织整体利益为导向的对外开放实则是没有意义的，甚至是有害的。

二、封闭代表着协作和高效

组织的封闭意味着强调整体性和协调性。任何组织都是由许多要素按照一定的联结形式排列组合而成的，其中除了有形的物质要素外，在各构成要素之间，还存在着相互依存和相互作用的复杂关系，比如纵向的层级关系及其沟通关系、横向的分工协作关系及补充关系等。在封闭的条件下，这些关系趋于纯洁化，领导力的统一作用促进构成组织的要素自动协作、磨合，相互依存。相反，一个群体在一个封闭的组织内鹤立鸡群，会因其不能具备组织整体的协作性能而受到集体的排挤与打压，而且即便其离开组织整体，其本身所固有的单一性能也使其难以具有独立生存的能力。组织要素决定了组织的功能，组织要素之间的协调关系决定了组织的效率，所以，保持组织要素及组织关系的纯洁、稳定，就是对组织效能最大的保障，而封闭状态所带来的组织整体性和持续性，正是稳定与高效所必需的。

比如一台汽车就是一个组织，其由数千个不同属性的零部件构成，同时这些零部件之间的协作关系保证了汽车可以正常行驶。而汽车则是典型的封闭型组织，所有的零部件及其联动关系时刻在电脑系统（领导者）的强力控制下有序排列及运转，否则，哪怕很小的一部分脱离了这种控制，也会导致故障甚至无法正常行驶。因此对于每个部件来说，存留在汽车这一组织之内的先决条件就是与其他部件进行良性的磨合。

三、封闭更利于组织净化和进化

任何组织在存续发展的过程中，都要在组织保持先进性的诉求下不断进行自我净化和进化。净化是为了维护统一和保持一致性，剔除异类及破坏因素；进化是为了适应环境的变化及组织发展的需要，进行优化提升。组织的净化和进化都不是顺其自然地被动发生的，而是一种持续和坚定的主导力量进行自驱的结果，同时，需要内部环境与运行规则的良好秩序作为保障，而这些只能由领导者发起和维持。如果领导者不能对组织形成封闭式的强力控制，便很难拥有这种强推力。在封闭的条件下，自上而下的压力难以被轻易化解，净化与进化成为组织的秩序与规则，其落地执行的顺畅性显而易见。

在非封闭的条件下，缺乏集体人格的很多组织的扩张本质上是一种野蛮生长，是在外部环境的激发或者在魅力型领导者的感召作用下无序发展。这种成长如果在速度、方向和质量上不受控制，组织成员就会成为乌合之众。如此将快速消耗掉组织资源，最终反噬组织所有的积累和沉淀，其兴也勃焉，其亡也忽焉。类似的案例在历史的进程中不断上演，其背后的主要致因绝非时运不济，也不是愿力不足，更不是能力所限，而是因为领导者缺乏对组织封闭式的强力控制。

综上所述，本书作者对领导力进行了重新的定义，即领导力是领导者在领导过程中对组织发出的作用力；并提出原创性的理论系统——封闭式领导力的三元模型；同时对其构成的三要素——感召力、预见力和封闭力进行了基本论点的概念阐述。结合这些知识点，我们将在下面的章节分别探究对三种元力具体的解析和构建方法。

第五章

LingDaoLiDeGanZhaoLi

领导力的感召力

在封闭式领导力三元模型中，感召力是一种不完全依靠刺激或强迫，而凭领导者信仰的力量和领导者人格的魅力去吸引和鼓舞，所发出的对组织状态要素的激发作用力。

作为领导者，领导力首先是一种不断获得追随者与追随者拥护的能力。当然，世界上没有天然的追随者，绝大部分铁杆的追随者皆因领导者感召之力而来。前面讲过，领导者与追随者之间是相互界定的，领导者的唯一定义是其后面有追随者，没有追随者就没有领导者，没有领导者就没有追随者。在这里必须声明，追随者和下属是本质不同的两个角色概念，追随者被感召和吸引并自觉依托、依附于领导者，但下属是被职权和利益捆绑服从于管理者，没有直接下属的人很有可能是个卓越的领导者，而拥有很多下属的人未必是真正的领导者。在这里，有没有感召力是我们判断一个位高权重的人是否是一个领导者的重要标准。

当然，很多人容易形成一种错觉，认为在组织中拥有最高权力的人就一定是领导者。事实上，很可能是组织中名义上的管理者在发挥领导者的职能，他们可能在组织中拥有更实际的影响力和更广泛的追随者，他们之所以屈居于他人之下，是因为他们的领导意识还没有觉醒，一旦他们开始有意识地显化并充分发挥自己的感召作用时，名义领导者的地位就岌岌可危，一个新的领导者呼之欲出。

感召力是领导力构成的核心要素与精髓所在，是自我奉献的领导者在追随者的精神上、思想上和心智上创造一种高度认同及全面覆盖的吸引和影响，是由偶像的光环效应、理想的光明指引和榜样的光辉力量共同交织而成的，通过追随者的正向反馈和持续推动而不断增强和扩大。

感召力不是天赋，而是一种修为，虽然这种修为的达成异常艰难，但我们仍然可以通过对感召力的来源及构成因素的解析窥见它的修成之道。

第一节　正向、坚硬、恒定的精神内核

作为“神的魅力”的感召力表现为一种富有统治性和持续性的精神之力，这种精神之力的根本来源是什么呢？是领导者的“元神”。这里的“元神”不应该被理解为形而上的、故弄玄虚的概念，它是应用比喻的手法来描述由一个人所具有的生命意义和思想精华凝结而成的精神内核的客观存在。“元神”足够强大的人，自带光环效应，一如宗教和神话里的偶像，散发着无形而炽热的光芒。在一个成功的领导身上我们所看到的这种光芒，常称之为领袖气质。

与一个普通人完全不同，那些具有领袖气质的人完全明晰自己生命的意义在于组织的目的和任务，特别的价值感赋予了他“元神”的强大；他的感召力能够吸引很多人并被这些人所依托，成为组织中坚。与之相反，那些没有领袖气质的人，其努力

仅关乎个体及小范围的私有关系，那么他的“元神”必是弱小的。我们常说“六神无主”“心神不定”，便是“元神”孱弱的表现，无论其对于成就的追求多么强烈，也无法形成对他人的持续感召之力。

“元神”作为一个领导者感召力的内核，映射出的是一个领导者对组织存在意义的信仰和其所经历的万千苦难与心性磨炼的集成。深入剖析“元神”，它具有正向、坚硬、恒定三个基本的精神特征。

一、何为正向

领导者的正向是以组织的共同利益和使命愿景为基准的。作为领导者，要懂得“内圣外王”——内心要有正念。心念是种子，一切变相皆从心念而起。种子够不够强大，要看你是否肩负了组织的使命，你孕育了多大的组织愿望，为了宏大的目标你是否能够舍弃当下的利益，你究竟代表了多少人的诉求。一般来说，谋众利、树大愿方为圣心正念。归根结底，正向就是六个字：无我、无限、无求。无我，则舍己利众；无限，则变幻无穷；无求，则不争善胜。

二、何为坚硬

当付出和牺牲足够多的时候，精神就会走向坚定和强硬。反之，没有付出的人无法做到坚硬。“英雄自古多磨难，从来纨绔少伟男”，苦难不仅磨砺意志，增进胆识，更有助于我们全面地认知和体悟复杂的人间社会，使我们变得愈加澄明和深刻，执着不悔。那些经历并跨越万千苦难的人，不仅克服了外部环境中的挑战，更是战胜了自己内在的一切恐惧，其心志早已淬炼成钢，形成最坚硬的质地，同时坚守原则，最终成为敢于直面任何艰难险阻、无畏于世间的勇士。

三、何为恒定

恒定，即领导者始终不忘初心，坚守不变。什么是不简单？把每一件简单的事做好就是不简单。什么是不平凡？把每一件平凡的事做好就是不平凡。现代商业不乏叱咤风云的企业领袖，哪个不是雄才伟略、奋勇当先的英雄人物，可惜各领风骚数十年，大多凋零衰败惨淡收场，反思起来，缺乏的正是这种持定初心的精神。作为领导者，比应对各种竞争挑战更难的是能够抵得住诱惑、耐得住寂寞、守得住平淡。创业之路，犹如苦行僧的漫长修行，最难得的是在无数个孤独寂寥的日夜里，在漫无边际的山高水长中，仍然坚守初心、持续奋斗的企业家精神。贫贱不能移，威武不能屈，富贵不能淫，拥有这种恒定气节的人，自带高贵属性。

据此，我们希望每位领导者都可以真诚地进行自我对话、觉察自省：对于当前事业的起心动念是否能够代表组织整体的利益诉求，是否为谋求组织成员长远的福祉和共同理想的实现？是否树立了可以为之付出毕生心血并甘愿牺牲个人幸福的宏图大愿？是否战胜了内心的恐惧，能够以坚强无畏的姿态面对一切艰难的处境？是否能够在漫长而枯燥的奋斗历程中，在充满诱惑和迷茫未知的岁月里，恒定如初？

在自我问答的过程中，我们可以对自己进行一个准确的评判。感召力是由“元神”发出的强大精神之力，只有那些拥有正向、坚硬、恒定内核的人，才可最终获得解读生命价值的真谛和坚定深刻的思想，才可凝结为超凡的“元神”，召唤众人觉悟。

第二节　以景造场

一、连接现实与理想的介质

感召力的内核固然是神圣、深沉和厚重的，但感召力的外显却是光明、美好而欢欣的。领导者要成为连接现实与理想的介质，他需要向追随者展现一个值得追求和令人憧憬的未来愿景，这一愿景的吸引力应足以证明人们为之付出的牺牲是值得的。愿景将过去事件、现有发展与美好未来生动地联系在一起，为追随者提供一种连贯性的指引和动力。

愿景要能够对组织成员共有的价值理念、希望和理想产生吸引力，愿景应强调长远的思想目标而不是眼前的切实利益，愿景应富有挑战性且符合实际。愿景应当阐明以下基本设想：什么对组织是重要的？组织与环境的关系如何？理想的未来是怎样的及如何反馈给组织成员？

成功的领导者善于运用愿景，使追随者在价值理念和理想追求层面达成共识，并缔结为崇高的集体信仰图腾。追随者在精神层面的诉求通常是混乱不清和狭隘短促的，他们需要被一种更高维度、更具价值感和更富感染力的精神纲领所统率，这个转变的过程并非是强制性的改造和重塑，而是启迪式的激发共鸣和擢升。基于此，领导者以大愿景领导小梦想，以大使命领导小需求，以大格局领导小认知，以愿景形成感召与鼓舞。

二、有效的愿景由三个主要部分构成

一是“核心意识形态”，包括组织的核心价值观和组织的使命。其目的是使组织在成长与变革的过程中保持思想的统一，维持凝聚力。其中，核心价值观是组织最基本的信念和处事原则，通常与对待顾客、组织成员及社会关系的态度、核心能力以及卓越标准有关。而使命则阐明了组织存在的核心目的与存在的理由，使组织成员理解组织行为的作用对象是什么，意义与价值是什么，自己将以何种形态和身份实现目标。

二是“想象中的未来”，包括组织的宏伟目标和理想场景的描述。组织的宏伟目标一定是基于长期的设定，这种长期设定应该囊括现有组织成员的整个事业周期，如此未来虽遥远但仍可期可待。组织基于现实需要制定的阶段性战略目标，应被看作实现宏伟目标道路上的里程碑。理想场景的描述，是对理想主义的一种具象化、生动化、美好化的表达方式，它像是一次“虚拟现实”的立体展示，其中既有对组织整体的盛景描绘，也应涉及对组织个体的关怀写照。领导者因相信而看见，而追随者则因看见而相信。

三是“规划者与传教者”。愿景是感召力外显的最佳途径和主要道场，领导者一定要成为组织愿景的发起人和主导者，他必须把自己的精神特质、思想认知和远大理想作为基调贯彻到组织愿景之中，他必须担任组织愿景最主要的传教士和卫道者。以景造场，以场造势，不断推动，将感召力从领导者个体的偶像光环升级为组织共奉的集体信仰能量，其势能必将倍增。

第三节　领导魅力

一、什么是领导魅力

领导者对追随者施予的感召力，不仅源于其具有光明伟岸的“神性”的光环。这种“神性”固然是庄严和深刻的，但同时也造成了与追随者之间的疏离，因此感召力还应该寻找另一种亲和的、密切的来源，即领导者表现为“人性”的个性特质与品格魅力，即领导魅力。这种领导魅力也具有超强的感召力。

魅力型领导者对追随者产生的影响是非常高效和强烈的，这种影响首先来自追随者取悦和模仿领导者的自我期望。魅力型领导者形成了一种被广泛推崇的理想范本，领导者的认可成为追随者衡量自我价值的一种标准，领导者对其行为及成就的赞许和表扬，会构筑追随者的自信和更深层次的责任感，从而使他们不会辜负领导者在未来对他们的期望。魅力型领导者会制造一种紧迫感，要求追随者为实现高期望付出更多努力；反之，害怕让领导者失望和遭到拒绝也会激励追随者为拥有获得感而不断进取。

魅力型领导者的影响还在于促使追随者形成价值观和信念的内化，与仅仅模仿领导者的表面行为如特殊习惯、手势和演说方式相比，追随者从心里能够接受领导者所期望的其对目标和有效的战略所持有的态度与信念显得更为重要。当追随者认为他们的工作角色与他们的自我概念和自我价值密不可分地联系在一起时，就会存在内化的终极形式——他们履行这一角色的任务是他们的天性和命运使然。

美国管理学者豪斯认为：魅力不能单独存在于领导者身上或其个人品格中，只能存在于领导者的人格、动机特征与其追随者的需要、信仰、价值观，以及环境的相互作用之中，它是领导者特征、下属特征与环境条件共同作用的产物。

二、哪些行为和情形可以体现领导者的魅力

（1）雄心壮志：富有魅力的领导者往往野心勃勃，完全不

同于缺乏魅力的领导者通常满足现状或只倡导进行微小而渐进的变革。如果领导者提出或强烈倡导的愿景是一种不甘于平庸的现状并极度追求伟大的使命，且仍处于追随者可期待接受的范围之内，那么领导者的雄心和进取精神更有可能被认为具有魅力。

（2）法无定法：如果领导者以非常规的创新方式实现目标，那么领导者更有可能会被认为具有魅力并值得拥戴。领导者运用成功的创新策略，其胜利的结果是使追随者将这一行为归因于领导者具备的天赋与卓越能力。

（3）自我牺牲：如果领导者能够做出自我牺牲，不仅生活上艰苦朴素，同时亲自承担风险，愿意花费高昂代价去实现他们提倡的战略，那么领导者更有可能会被认为具有魅力。这种魅力更多来自信任。信任是支撑魅力的重要因素，信任一旦产生，服从性与执行力会得到几倍的翻升。事实也证明，与那些只关注和索求追随者的领导者相比，那些不追逐私利、垂身示范的领导者显然更能得到信任。

（4）激情自信：如果领导者是乐观主义者，对工作充满热情，日复一日、满怀信心并积极行动，那么领导者更有可能被认为具有魅力。领导者的自信和热情具有传染力，这会显著增强追随者的决心和动力，并因此增加组织成功突破瓶颈的现实可能性。

（5）果断决策：领导者被认为非同寻常的另一个原因是他们具有更准确的判断和识别机会的能力，这直接表现为领导者的果断决策。领导者对环境保持敏感，洞察规律，经常能够发现别人难以发现的组织发展机遇，不断打破边界决策。他能够影响追随者共同实现最初看似不可能实现的商业奇迹，这使领导者充满神秘感及身怀非凡的魅力。

（6）激励鼓舞：如果领导者善于鼓舞、激励组织成员，则充满无限魅力。与那些使用权威或参与决策过程的领导者相比，追随者认为运用激励和鼓舞行为来发动他们的领导者可能更有魅力。领导者的真诚鼓励和适时的认同与指导往往能够使追随者激发潜在的意识和能力，超常发挥和意外成就更容易让追随者对领导者产生感恩和亲近，令激励极具实效。

（7）人格特质：领导者的人格特质在人际关系的处理中显

露无疑，那些鲜明的、易被感知的、受到普遍欢迎的人格特质是极富魅力的，比如道德高尚、真诚善良、开放包容、真诚透明等。每个领导者都应该精准定位并持续强化自己的人格特质，这将使其对追随者的影响和塑造及良性组织关系的建立卓有成效。

（8）关怀付出：如果领导者能够对组织成员表现出充满人性化的关怀与付出，那么无疑他会形成一种温暖人心的魅力。如果领导者能够付出时间、精力和金钱等宝贵资源，用于解决追随者的生活现实问题，致力于追随者的家庭幸福、个人成长，或者增强与追随者的个人情感链接，那么追随者一定会感恩于领导者的善意付出并做出积极的反馈，他们会主动寻求并积极维护与领导者的亲密关系。

三、领导魅力八部

通过分析和汇总构成感召力的领导魅力的各种行为与情形，我们可以得出八种不同侧重和表现方式的领导魅力，我们称之为领导者的魅力八部，如图5-1所示：

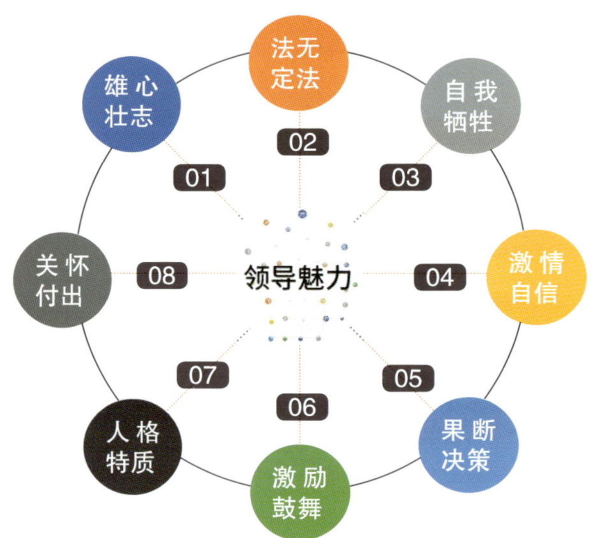

图 5–1　领导者的魅力八部

表 5–1　领导者的魅力八部详解

分类	定义	表现形式
一部	雄心壮志	理想远大、信念坚定、更高目标、持续进取
二部	法无定法	掌控资源、活用政策、商业创新、足智多谋
三部	自我牺牲	鞠躬尽瘁、克己奉公、责任担当、艰苦朴素
四部	激情自信	敢于冒险、乐观主义、争强好胜、慷慨激昂
五部	果断决策	洞察规律、善于决断、把握先机、打破边界
六部	激励鼓舞	嘉许肯定、荣誉至上、分享钱财、激发热情
七部	人格特质	道德高尚、真诚善良、开放包容、豁达幽默

八部	关怀付出	体恤下情、解决困难、谆谆教导、情感链接

四、个人魅力型领导者与公众魅力型领导者

个人魅力型领导者具有个人化权力导向，他们有意向追随者灌输奉献理念，而不是灌输理想；他们可能以意识形态作为获取权力的一种手段。而后，意识形态会被忽略或随意变成服务于领导者个人目标的工具，他们试图通过使追随者处于弱势或依赖于领导者而控制和操纵追随者。这些领导者的决策反映了领导者更关心自我的荣耀和掌权，而不是更关心组织成员共同的福祉与组织真正的目的。

与之相反的是，公众魅力型领导者具有社会化权力导向。他们寻求灌输一种忠诚于意识形态的思想，而不是忠诚于他们自己。在影响追随者方面，他们强调的是内化，而不仅仅是个人认同，他们的自我牺牲和以身作则可以感染追随者，使其支持组织的共同价值观和使命。尽管拥有个人化的无穷魅力和崇高地位，但他们作为组织集体信仰和组织共同利益的代表者是无私和磊落

的，对组织的长期贡献远超个人魅力型领导者。

五、领导魅力的局限性

同时，我们要理性地看待领导魅力对于组织作用的现实意义与未来意义，如果领导者缺了“元神”，脱离了正向坚硬内核和理想愿景，过度强调领导魅力的感召作用，那么组织成员往往会缺乏理想和追求，即便对领导充分爱戴，他们往往也会过度追求短期利益，甚至小有成绩就裹足不前；他们难以生发自我激发的力量，甚至对领导者无限依赖。因此，这种影响力最终未必会为组织带来连续的积极正面的成效，有时甚至会带来消极负面的影响。

在此，我们重点声明的是，领导者的内核及其倡导的愿景所生发的感召力是感召力的主体，领导魅力应该作为感召力的重要补充而非全部。过于强调或单纯运用领导魅力的影响力，会带给组织额外的风险与隐患：

（1）对领导者的敬畏可能会妨碍追随者提出合理评判及建

设性意见。

（2）追随者的曲意逢迎可能会使领导者产生不会出错的错误想法。

（3）过度自信和乐观可能使领导者对危机和风险失去理智的判断。

（4）冲动的非常规行为既会树敌，也会培养盲目的支持者。

（5）对领导者的依赖不利于培养胜任的继任者。

（6）不培养继任者最终会引发严重的领导危机。

综上所述，领导魅力是感召力的重要构成要素之一，其对追随者产生的影响作用是非常显著的，如果说领导者的内核及其倡导的愿景所生发的感召力是神圣的、深远的、重大的，那么领导魅力所形成的感召力则是常态的、直接的、密集的。我们需要谨慎并合理利用这种影响要素。

六、两副面孔

人治与法治的并行为领导者准备了两副面孔。我们应该理性地认识到，尽管领导者的感召力通常表现为一种纯粹的精神之力和行动之力，是靠领导者主动的启发、吸引和激励来使组织成员追随的一种非权力性领导力，但在实际的应用过程中，在组织发展到一定的程度时，感召力仍需要强制的制度予以维护和保障。德国社会学家韦伯认为，只有在追随者的人数很少时，也就是在组织发展的初期阶段，领导者才有可能保持纯粹的感召力；随着组织的强化和资源的累积，就形成了运用强制和利诱维持感召力的可能性和必要性。领导者要善于运用有形的权力和制度来捍卫无形的精神信仰，纯粹的精神感召力转变为强制的法制感召力的过程被称为“感召力的常规化”。

无论是宗教、国家或者任何其他组织类型，为推行和强化组织的信念与意识形态，都需要同时经营光明的希望和黑暗的恐惧。天堂留给虔诚的信徒，地狱留给亵渎的叛徒，而迷离不定的众人，则在一念天堂、一念地狱的空间徘徊。

在一个组织内，领导者的感召力对于核心成员来说通常表现为一种根植于内心的、毋庸置疑的信仰之力，而对于组织的外围成员来说，则是一种既有主动跟随，又有被动约束的控制之力。多数组织成员会把这种强制性的权力和制度维护，不当作一种不公平、不合理的暴力手段，而是一种理所应当、自觉自控和相互监督的正义公约。

成功的领导者，一位真正有作为的感召者，要有不同的两副面孔分示众人。佛家有云，“菩萨心肠，金刚手段”，慈悲的菩萨和愤怒的金刚其实都是佛的化身，不过是在不同的情形下呈现的“两副面孔”而已。如果一味慈悲，则诸恶不得控束，人间必遭祸端；如果一味愤怒，则诸善不得弘励，光明难得普照。

从科学的辩证角度来看，世间万物都是在不断变化的，适应变化乃至主导变化，是领导者有效凝聚组织的重要前提。领导者的两副面孔，是基于客观环境的真实需要，但两面之后的起心动念，仍是一致的。

第六章

LingDaoLiDeYuJianLi

领导力的预见力

在封闭式领导力三元模型中，预见力是一种能够洞见机遇、变革发展，引领组织走向未来，领导者通过预见、创新和决策所发出的对组织可持续要素的适应作用力。

一、领导者的预见力不可被替代

只有领导者才能引领组织变革发展。预见力是领导者在认知及能力结构上与组织其他成员的最直观区别。领导者因其承担更大的使命责任、具备更深刻和立体的思维方式、占据更高的视角及多样化的信息资源，因而在分析环境要素、预测未来趋势和进行重大决策时，拥有不可比拟的先进性、全面性和不可替代性。预见力也是领导者的效能、权威与魅力的来源之一，通过不断成功的、英明的前瞻性预见，领导者独特的与时俱进的先进思想、卓有成效乃至充满神秘感的决策天赋被追随者持续确认和强化认知，领导者因此获得追随者自觉自发的敬佩、崇信和依赖，这种领导权威的形成，是非权力性的，非常稳固并不可被替代。

二、组织的可持续发展是由变革和创新所推动的

组织的可持续发展是由变革和创新所推动的。好的领导者观事更观势，其习惯性地从未来趋势回望和解析当前的状况，通过预见找到组织可持续发展的重大机遇，并以强烈的自信推动组织向合理化的方向进行变革。在这个过程中，领导者既要发挥权威的预判决断，又要向追随者证明变革的必要性及可行性，进而保证可发生的组织的战略性进化。所以，对领导者而言，预见力这种领导力的作用绝非“预见到”这么简单，因为变革往往需要打破既有的利益格局，改变惯有的思维及行为方式，投入大量的精力和资源，而且这种决策很可能在短期内没有任何直观的回报和收益，甚至表面看来希望渺茫。所以，一方面，领导者基于前瞻性预见所推动的变革会遇到认知不对等、高惰性、利益纠葛等阻力；另一方面，领导者要压制组织内的保守势力，力排众议地进

行大手笔的战略投入。在此种情况下，如果领导者没有真知灼见，没有预见力，没有通过沟通给予组织成员认知上的一致，或者领导者并未对自己的预见拥有足够的信心，那么这种决策就会陷入无人应答的尴尬境地，或者被曲解化地执行，陷入短线主义而遭到彻底失败。在多次变革无果的状态下，领导者领导力的作用力衰减，其所领导的组织也逐渐沦为萎靡不振的陈旧组织。而只有不断地成功变革和创新，才能推动组织一个又一个台阶地进步。

三、预见力是一个领导者持续领导力作用的前提

任何组织都有生命周期，其生命周期的长短很大程度取决于对外部环境变化的适应性。领导者作为一个组织的舵手，对环境、趋势的变化必须有一种穿越时空的判断，这种判断是一个领导者持续领导力作用的前提，是组织掌握先机和规避风险的依靠，更是组织必胜信心和勇往直前的动力。预见力推动领导者带领组织从事未来的事业，努力将组织打造成一个与环境适应的群体。

我们接下来对封闭式领导力的预见力进行解析，主要从其形成的动机、构成的要素及领导者优化提升预见力的方法论等三个方面进行展开。

第一节　长期主义

作为封闭式领导力的可持续要素，领导者所有的预见对于组织的作用最终只有一个，那就是基于长期主义，通过领导力作用延长组织的生命周期，并使组织始终保持健康活力，保证持续的领先优势。

“活下来”“活得久”是一般组织的最高纲领。领导者对于延长组织生命周期的使命与责任感越大，其预见的动机越强，预见越精准、越及时、越多维，其预见后的决策也就越可能对组织具有未来的长期价值。被成功领导的组织一定是长期价值的载体，只有长期价值才能孕育和发展组织的文化，才能催生稳定高效的管理机制与经营模式，才能实现集体利益和个人利益的互生共赢，才能达成组织的阶段性目标。

与此相反，由于缺少对长期价值的理解，因此在每个短命组织的背后，都有一个预见性不足而导致领导力不足的领导者。很多组织的领导者没有预见力，也不重视预见，原因是他所代表的组织本质上就是短期价值的产物。短期价值的获取，偶然抓住一次机遇、依靠战术谋划和临时性的执行力强化即可达成，也无须考虑战略层面的深思远见。短期的价值目标对于组织个体或许是有意义的，但是对于组织本身则没有决定性的意义，为获取短期价值而结成关联的群体往往不能用组织进行定义。没有组织，本质上也就没有真正的领导者。从历史的经验来看，历经百年的企业凤毛麟角，究其根本原因都是领导者的预见力不足或决策滞后，造成企业落后于时代使然。

一、基于长期的价值主张

创建组织的第一代领导者往往拥有更强烈的预见动机，充斥变数的创业历程令他们的预见力如影随形，同时，对于建立基业长青、世代传承的百年企业这类长期价值主张的理想充满热情。因此，他们会更注重总结内外部过往的经验，会提出纲领性的思想观点，在决策上会更关注和致力于长期规划与长效机制的设定，会对潜在的机遇与风险保持很高的敏感度，会大胆预测未来并提出层出不穷的应对策略指南。不仅如此，甚至组织创始领导者所拥有和应用的预见力布局也能够助推其继任领导者实现其在任期间实现组织的高质量发展。令人沮丧的是，在庇佑和限制中成长起来的第二代乃至第三代领导者往往失去了预见的动机，只能依靠自己对于当下的判断进行结果快速见效的决策。由于不再关注组织的长期发展，缺乏环境变化所引起的危机意识，该组织将不可避免地脱离下一个时代，在随之而来的用户需求转移、市场变迁、技术创新、产业周期、政策利空等桎梏下难以适应，自此组织走向衰退，并慢慢退出历史舞台。当今时代的变迁和社会的演化日益加快，组织所处的内外部环境充满了更多的不确定性，这些不确定性显著增大了决策的复杂程度，缩短了既定战略和组织变革的有效周期，也放大了组织的挑战和风险因素，因此，当下领导者需要拥有更强的预见力才能够保障组织的存续和发展。生存不易，发展更难，当前的组织领导者应该去除盲目的乐观与轻浮虚妄的保守设想，拥有清醒的未来认知与足够的创新意识，并努力地通过不断预见进行决策和行动。

二、提升组织的健康与活力水平

领导者的预见力除了对外部机遇的把握，还包括对内部组织现状的干预和对组织未来的预见。一般来说，对一个组织健康与活力水平的评定，主要有以下六个方面的参照：

（1）组织文化的贯彻与落实。

（2）组织创新性与时代适应性。

（3）组织效益、效率和流程的可靠性。

（4）人力资源规模和质量。

（5）组织协作水平。

（6）用户价值反馈。

其中组织创新性和时代适应性，组织效益、效率和流程的可靠性，组织协作水平，用户价值反馈这四个方面都是由领导者的预见力决定的。

组织长大的过程，就是组织系统不断重构的过程。如果缺少组织领导者主动的协调和干预，组织自然演化的结果一定是难堪的，组织会自然地走向分裂、混乱和僵化。因此，领导者必须先于弊端的生发和危机的演化，预见性地实施组织创新以适应时代的发展，抓住战略新机与先机提升效益与效率，优化架构、职级、机制与流程，构建全新的协作能力，并为组织适应复杂环境的变化及提供长期的用户价值做出超前的部署。

三、创造持续的领先优势

保证持续的领先优势对于组织实属不易。组织要想创造持续的领先优势，甚至获得超常规的发展，则领导者必须在综合考量与预见宏观的经济与政策、产业的周期、行业的格局、用户需求的趋势及组织可持续的核心竞争力等多种要素的前提下，不断提出改革与创新的策略并推动执行。领导者要能够在复杂而紧迫的局势下，对多种影响要素及其形成的相互作用力进行研究、分析、辨别、权衡、取舍、推演、论证、试行等，才有可能找到组织变革创新的正确路径。

成功的预见是在不确定性中寻找确定性，在不可能中创造可能。领导者为了延长组织的生命线，不仅要能够顺应组织生命周期的正常规律进行策略优化，有时还要逆周期进行反向操作，甚至突破原有生命周期向另一种全新的生态系统跨越。卓越的领导者往往都是通过逆周期生长或颠覆性的跨界变局创造突出的成就，这些都是其领导力的非凡表现。

第二节　组织生命周期

领导者的预见根本目的是延长组织的生命周期，所以对预见力的解析要从组织的生命周期谈起。那么，到底要预见什么？有哪些要素和制约条件？

组织（企业）生命周期的五大预见要素分别为：

一、关于宏观经济与政策的预见

宏观经济和政策环境包括国家经济发展状况及趋势、经济体制及改革措施、产业导向及配套措施、国家及地方政府的产业指导及管理办法、政策红线与法律法规、社会文化与道德观念、社会风俗与价值取向等。宏观环境虽总体保持稳定，但仍然是在不断细化调整和改进的，其对企业的影响是深远且不可逆的，在大势面前，只能顺势而为，绝不能倒行逆施。领导者必须对其保持高度关注和敏感，通过对公共关系、权威发布、新闻播报、宏观数据、典型事件等关键信息的密切跟踪，在蛛丝马迹的预示和征兆中洞见变化和趋向，并以此掌握先进及规避风险。英雄大多是宏观经济与政策周期的产物，同理下的一时风光后的陨落，也往往是风向的急转。

二、产业周期的预判与应对

由于属性、特征的差异化，不同产业生命发展周期的演化规律是不一样的，在包括初创期、成长期、成熟期和衰退期的各个阶段，其具体表现和趋向性也是不一样的。

有的产业在初创期即可以获得爆发式的快速增长，有的产业则有很长的孵化和培育周期。在成熟前期，几乎所有产业都具有类似S形的生长曲线，而在成熟后期则会分化为两种情况，第一种类型是产业长期处于成熟期，从而形成稳定的行业；第二种类型是产业较快地进入衰退期，从而成为过渡性的行业。有的产业周期并不表现为典型的递进逻辑，有的产业周期是高开低走的短生命周期，有的产业周期是规模较小但持续性很强的恒定生命周期，有的产业周期则处于一路高歌猛进、短期内看不到下行拐点的强发展生命周期。

识别产业生命周期所处阶段的主要标志有：总体市场存量、市场增长率、需求增长潜力、产品品种数量、竞争者数量、市场占有率状况、进入壁垒、技术革新、核心用户趋向以及用户购买行为等。

领导者要能准确判断所处产业生命周期的演化规律及当下面临的具体状况，并据此指明或修正企业的发展方向和策略、措施。在优良的、充满机遇的产业周期阶段，是否谋求超常规的急速扩张战略？是否提前布局或快速整合，以抢占市场份额并占据绝对领先？或者通过实施差异化和聚焦化战略，不求绝对规模，而是成为拥有核心竞争力的高净值企业？

而在恶劣的、充满危机和颓势的产业周期阶段，是否谋求逆周期的反向操作，在残局中抄底求增长？是否另辟蹊径，跳出固有的局面，寻求全新的产业领域，或平滑过渡到另一个更具潜力的细分领域？等等。

以上这些问题，是领导者必须面对的预见性的思考和抉择，对领导者的预见力和决策力都有着很高的要求。毕竟，组织周期与产业周期息息相关。

三、通过行业格局分析拟定未来竞争战略

一个行业中存在的企业数量、发展质量及其相互之间的结构关系，共同构成了行业的格局。行业格局往往直接反应了该细分领域的发展水平、发展空间和竞争程度。行业的格局通常跟三个

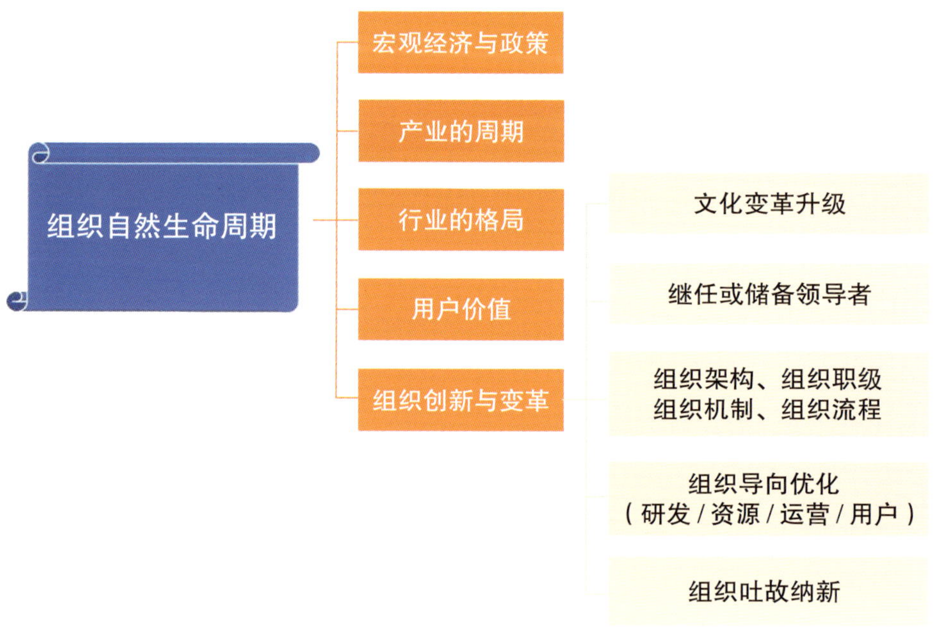

图 6–1　组织生命周期要素

因素相关，一是行业所属的产业生命周期的阶段，二是行业的整体规模容量，三是行业的准入和进阶的壁垒。领导者需要综合考量三种要素来准确定义行业格局的真实情况，并据此预见态势，拟定出最合理和高效的未来竞争战略，并提前决策。

四、预见用户价值周期，布局战略控制点

企业的核心产品或服务，会随着进入市场的时间延续、竞争程度的加剧，或者替代品的陆续出现，其用户的价值反馈是逐渐降低的；反之，新产品上市不久，低竞争且无替代品出现的阶段，其用户的价值反馈是最高的。领导者要根据用户价值周期的研究分析，对企业的核心产品或服务采取不同的经营策略，要通过改善、创新或新产品研发等手段，确保企业的核心产品或服务始终处于合理的用户价值周期。低价值不仅伤及企业的赢利水平，更是对企业市场地位与核心竞争力的严重损害。

从用户价值周期的角度思考，战略控制点对利润的保护力度起到至关重要的作用，针对用户价值预见基础来布局战略控制点，也会很好地实现企业利润保护力度。

战略控制点与利润保护力度可分为以下四个等级：

一级利润保护力度（高）：

战略指数10：拥有标准。

战略指数9：管理价值链。

战略指数8：一系列产品占超级优势的地位。

战略指数7：拥有客户关系。

二级利润保护力度（中）：

战略指数6：品牌、版权、专利。

战略指数5：两年的产品开发提前期。

三级利润保护力度（低）：

战略指数4：一年的产品开发提前期。

战略指数3：拥有10%～20%成本优势的商品。

四级利润保护力度（无）：

战略指数2：销售团队规模较大，销售常规的平价商品。

战略指数1：具有良好通路但处于成本劣势的商品。

五、领导者必须考虑组织的未来发展，主导和持续推动组织的创新与变革

除了外部环境要素，组织内部的生态环境和发展水平对组织的生命周期也产生着更重大的影响。领导者必须考虑组织的未来发展，主导和持续推动组织的创新与变革，才能使组织保持健康稳定的状态，并实现良性循环、高效协作和持续增长。领导者主导的创新与变革主要包括以下五个方面（见图6-1）：

（1）文化变革升级（愿景/使命/价值观/经营哲学/组织基本法）。

（2）选择继任者或储备领导者（培养/筛选/交接）。

（3）组织架构、组织职级、组织机制、组织流程。

（4）组织导向优化（研发型/资源型/运营型/用户型）。

（5）组织吐故纳新（年轻化/高知化/职业化）。

领导者推动组织变革的主要参照对象与核心支撑不是管理

层，也不是底层员工群体，而是企业的中层、基层管理者和年轻干部，他们才是构建组织内部生态及未来发展力的关键所在。

第三节　预见力的方法论

预见从根本上来说是一种理性的前瞻预测和远见判断。拥有预见能力的领导者，依靠的是对环境局势的影响要素及事物演化规律的一系列逻辑关系的把握，因此预见具有科学性。预见力是一种长此以往的，对海量的、复杂的、充满矛盾冲突的数据信息进行准确运算的能力。在这个运算的过程中，最具难度的是如何拨开迷雾、排除干扰，在海量信息和复杂因素中找到事物的本质并带领组织行动。

那么，预见力的方法论到底是什么呢？

一、不看表象，研究真相

不看表象。领导者接收到的资讯或者观察到的事物，能直观听到、看到和感觉到的，通常都只是表象。表象往往只是一种现象或结果的呈现。我们获得表象信息越容易，内容越广博，就越容易被蒙蔽。这就可以解释为什么有人总结和学习了很多知识与技法，却总是达不到同样的结果，因为那些知识与技法都是从表象中推导出来的错误逻辑，早已远离真相，看似放之四海而皆准，实际却没有任何指导意义，甚至南辕北辙。

研究真相。真相是研究出来的。真相是对事物形成的机制与规律的一种系统化认知。真相的系统主要包括三个部分：要素、关系和约束条件。我们很容易看到要素，但很容易忽略它们之间的关系。要素之间的关系只有两种：要么相互补充或增强，要么相互抵触或削弱。约束条件是指外部、内部的不同条件所造成的影响因素。

任何事物的真相都可以在其要素、关系和约束条件的研究之下得到，领导者可以采用连续发问的方式究其根本。如这件事的关联要素有哪些（人/事/物）？它们是什么关系（补充/增强/抵触/削弱）？有哪些约束条件（外部/内部）？我们可以用画图的方式，将整个系统更全面和直观地展现出来，并最终完成对系统的解析和对真相的认知，进而形成预见。

二、找到增量

如果企业的主赛道是在增量上的，该组织就会容易增长；如果企业的主赛道是在存量上的，企业就可能停滞或负增长；如果企业的主赛道是在陈旧减量上的，企业就容易萎缩甚至消亡。所以企业对于主赛道的需求、消费、技术、替代品的把控一定是与时俱进的；而当下客户价值、行业合理成本、有效规模和有温度的赢利则是在主赛道上不会跑偏的标尺。

在对未来的预见中，领导者对于组织发展的着力点，核心应该放在增量上。找到更大的增量，是做大组织的前提。

基于这种思维，我们分析和洞察更有发展潜力的增量要素，就可以找到未来组织的战略方向，就可以找到领先布局和储备资源的方向与策略。

在企业的长生命周期中，一时的领先并不重要，最重要的是持续增长，那就需要不断为企业寻找新的增量。增量要素有可能是研发、人才、用户、产品力、营销力、资源、产能等各种要素中的某一个，也有可能是来自多个要素结合而成的更具爆发力和成长性的新要素，比如构成新的商业模式或赢利模式。

三、超脱现实见未来

领导者要想获得正确的预见，就要掌握超脱现实的思维方式，还原出预见的本质——从未来看现在，从大处看小处，从别人看自己；应用立体思维的“时间、空间和立场”的交织体，在时间维度“穿越”，在空间维度“缩放”，在立场维度“换位”。

时间维度的穿越，就是能够在时间维度中自由穿行，从过去看现在，从未来看现在，从现在看现在。从过去看现在，来源于历史的启示，通过对过去无数同类情景和事件的分析总结，判定出基本的确定性，这些确定性可以作为对现在同类事件进行分析的基础。从未来看现在，来源于对未来趋势及环境变化的洞察与合理推测，据此建立未来场景模型，将现在的事件放置于模型之中，比较两者之间的差异并寻求突破的方向。从现在看现在，来源于对当前事件存在的主要矛盾的深入解析，并找到问题的根源予以彻底解决。

空间维度的缩放，是指从宏观的空间看微观问题，以及从微观的空间看宏观问题。从宏观空间看微观问题，可以发现微观问题的天花板和局限性，预见发展路径；从微观空间看宏观问题，可以发现宏观问题的补充性，预见商业创新。

立场维度的换位，是指从别人的角度看自己，以及从自己的角度看别人。从别人的角度看自己，能够清晰地看见自己过于主观与薄弱的环节；从自己的角度看他人，能够获取更独特的感受与辩证思考。

总之，超脱现实见未来，就是要摆脱即时性、客观存在性与自我性的约束限制，从而获得在时间、空间与立场三个维度变换后的预见性。

当然，领导者预见性的决策不可能尽如人意，理性至上的非理性更是无比宝贵。在组织最困难的时刻，领导者能够顶住压力站出来决策，让大家看到你的态度，听到你的发声，就是最好的预见力。

第七章

LingDaoLiDeFengBiLi

领导力的封闭力

在封闭式领导力三元模型中，封闭力是一种能够实现组织思想封闭、权威封闭和关系封闭，领导者所发出的对组织稳固要素的强化作用力。

作为组织强度的构成要素，封闭力对于组织的稳定、固化起到根本性的作用，是组织持续稳固的保障。封闭代表着稳定、持续和高效，强调组织整体性和持续性；封闭之下的组织因为存量的累积日益壮大，组织协作不受干扰而更加高效，封闭更利于组织的净化和进化，保证了组织的纯粹性，避免了组织野蛮无序的生长。事实证明，封闭力对于领导力构成的其他两个核心要素——感召力和预见力有着明显的保护与增强作用，封闭力在组织内所形成的统一环境非常利于信息和指令的高效传递、思想信念的深化植入、变革行动的坚定执行。

封闭式领导力的封闭力论述基于笼罩原理，“笼”是强思想输出，“罩”是强关系锁扣。在此理论基础上，对组织的封闭由领导者通过思想封闭、权威封闭和关系封闭共同作用所达成。下面，我们将分别对三种封闭的作用和方式进行解析。

第一节　思想封闭

每一个紧密组织的背后都拥有一种思想的指引，组织内一切问题的根源都是思想问题。思想稳定，人就稳定；思想统一，组织就统一；思想强大，组织就强大。一个组织最大的权力就是思想权，谁在组织内宣导和掌控思想，谁就是拥有最大权力的人。成功的领导者以思想的发起和灌输为中心工作，并以思想统一作为最高追求。在思想封闭的作用力下，组织内一切思想，都必须以思想代言人的领导者的思想为基准，作为推动整个组织前进的精神动力，其同时兼具战略性、纲领性和时空性，并形成对组织全体成员在精神上和行为上的统领。

思想封闭是指领导者基于组织目的和任务建立起或继承的，为了维护组织的统一凝聚的、符合组织主体意愿的、组织独有的思想系统，以及领导者应用领导力通过封闭的方式使其成为组织专属性、唯一性、统一性和绝对性的思想的作用过程。

思想封闭从应用上分为领导者定力、建立思想组织、把握干部入口三个部分。

一、领导者定力

坚定的思想信念是领导者定力的土壤。在极具刚性的思想信念之下，领导者的定力是一种决定力，抗干扰，明辨是非不走眼；领导者的定力是一种内敛力，抗浮躁，凝心聚气不走神；领导者的定力是一种免疫力，抗诱惑，拒腐防变不走色；领导者的定力是一种意志力，抗压力，千难万险不走样。因为这种思想信念，领导者有能力实现组织思想封闭，并成为组织全体成员的“主心骨”和“定盘星”。

领导者的定力是形成组织思想封闭的支柱。领导者定力直观表现为领导者自身拥有的独立人格与领导风格。独立人格是指不依附于任何外在精神、权威和力量等而存在的一种独立的思想意识；领导风格是指领导者的领导行为模式所展现的、个性鲜明的行事风格。独立人格形成的是领导者的“内定力”，构成组织依赖的思想刚性；领导风格形成的则是领导者的“外定力”，可以辅助领导者在特定情形下发挥关键影响力，两者相辅相成。

二、建立思想组织

思想组织是核心领导者主导的隶、属于组织内部的、由组织先进成员构成的正式组织，是领导者封闭力的延展，其核心职能就是构建和完善组织思想统一的落地机制与措施。这个机制与措施的作用主要包括：

（1）应用思想组织清理异己思想，实现组织思想的高度统一。

领导者所建立的思想组织的首要职能就是找出与组织思想不一致的错误的思想，在争取思想游离的中间势力的同时，像对待病菌和毒瘤一样将异己思想果断消除，实现组织思想的高度统一。

组织最大的成本来自内耗，只有让组织的思想封闭，才能从根源上消除内耗。思想就是立场，思想不同就是对立。一个组织必须确保只传播一种思想，只坚持一种思想，只存在一种思想，确保组织思想符合本组织的特性且区隔于其他的组织思想，确保组织思想对组织成员的全面覆盖和绝对统治率，确保组织成员思想的纯粹性。

（2）推动思想建设与常态化应用。

思想组织是组织推动思想建设与常态化应用的职能单元。思想建设是一个长期工程，需要不断向组织成员进行封闭式培训、宣导、示范、激励、检核等连续动作，使其形成惯性思维和本能意识。思想还应该与组织成员的实际工作相结合，使其成为一种方向性指引与行为准则，思想只有在长期应用中才能拥有旺盛的生命力。作为组织中的脊梁，思想组织是组织推动思想建设的保证。

（3）进行思想文化输出，优化外部环境。

进行思想、文化输出，优化外部环境是思想组织的另一个职能。因封闭而形成独特的组织思想与文化不仅对内影响深远，而且在对外建立公共形象、链接社会资源和吸附优秀人才等方面也卓有成效，文化能够为组织创造良好的外部环境，并以外部的积极反馈来激发组织成员对组织文化的高度自信。

三、把握干部入口

思想封闭要从组织骨干抓起，把握干部入口是思想封闭的直接而有效的手段。基于思想封闭的前提，组织选用干部的标准代表了组织所倾向的价值观念。组织对内部干部的任用遵循“以德为先原则”。“德胜才，谓之君子；才胜德，谓之小人”，干部当用君子，君子有担当、具仁义、讲诚信，君子是可以践行承诺的，是可以经受考验的，是可以发挥表率作用的。对于组织而言，这个“德”的定义不仅限于世俗的道德伦理，更重要的是契合组织的思想与人才观，组织界定的“有德之人”一定是组织思想的追随者和组织文化的代表者。在思想封闭的状态下，领导者与干部融为一体，干部要同领导者形成思想共同体，贯彻领导的意图，遵循领导的指示，支持领导的意愿，服从领导的指令。干部要同组织形成价值观共同体，信奉组织共同的理想愿景，认同长期主义和集体主义。

总之，思想封闭是封闭力的最高形式，随着组织由中心向外围不断扩张，思想总是优先于人力和权力建立清晰的边界和约束环境，并且能够保持长盛不衰，不会出现明显的边际递减效应。思想封闭作为组织稳固的基石，是组织走向统一、凝聚的必经之路。

第二节 权威封闭

领导者树立绝对的权威，并以此领导力为作用力对组织进行封闭控制，称为权威封闭。领导者的权威是由法定强制性的不可抗力及非凡成就与高势能所产生的公信力相融合的共同体，简而言之，领导权威是由权力和威信共同构成的。

领导者权威封闭由权与威的复合体、领导者权威的作用力、领导者权威的确立、领导者权威封闭复制、创造组织权威环境五个部分构成。

一、权与威的复合体

权利一般不会单独存在，大多与威信形成复合体，共同产生作用力。维持组织的稳定与秩序，唯一不可缺少的就是权力。权力是那种可以无视人们的反对，强迫人们服从的能力，权力的最终目的不是寻求和保护正确，而是消除对立的矛盾关系，从而实现组织的思想与行为的一致性。然而，即使历史上权力最集中的组织，也会常常受到组织内各种势力的牵制和挑战，仅仅运用权力并不能完成对组织的封闭式控制。“组织理论之父”韦伯说，统治者要维持统治仅仅具有权力是不够的，还必须具有一种让被统治者心甘情愿服从的影响力，而这样一种得到人们认可的、自愿服从的影响力就是威信。

二、领导者权威的作用力

有权威的领导者即可以施加影响的领导者，会在组织中创造一种广泛的认同感和信任感，这使得追随者更愿意主动服从，而不是被迫服从或支持领导者的指令。领导权威有助于形成更稳定的组织关系，它既可以在组织顺境时体现刚性，又可以在组织困境时体现韧性。组织成员对于有权威的领导者，往往更具耐心和包容心。领导权威还有利于招揽高阶人才，越是有专长的优秀人才，越容易对领导者的权力和威信形成依赖，他们需要在一种稳定、明确和高效的决策环境中充分发挥自己的才能。有权威的领导者可以采用强力推行改革措施，并更容易得到大多数成员的拥护，即使存在阻力和对抗，也因受到广泛的拥护而并不会形成真正的障碍。所以，一个组织的领导者必须兼具权力与威信，如此才能树立真正的领导权威，才能对组织进行有效的封闭。

三、领导者权威的确立

领导者权威的确立是权威封闭的重要保障手段，也是领导者最具效能的领导行为之一。领导者权威确立由领导者封闭用权、领导者封闭立威两个部分构成。

（一）领导者封闭用权

在绝大多数组织中，善用领导力的领导者应用封闭用权确立自己的领导权威。正确地运用权力是领导者必备的核心能力之一，领导者的权威并不是由权力直接决定的，但领导者对权力的封闭运用却是确立其权威的首要前提。领导者的权力是由组织授予的，旨在实现组织的目的和完成阶段性的结果。因此，领导者的权力运用必须时刻指向组织共有的价值观念与利益诉求，唯有如此，权力才具有坚定的根基，才具有持久的效力。领导者的个性观念可以影响权力运用的方式，但不可以改变权力运用的目的；领导者的私人利益可以与组织共同利益深度捆绑，但不可以与之产生违背甚至损害。如果权力仅仅作为领导者表达个性观念和私人利益的手段，那么必然是不稳定和不持久的。领导者封闭式建立个人权威主要应用在确定立法权、奖赏权、惩戒权三方面。

1.立法权封闭。

立法权，是领导者为执行和维护组织各项基本理念而建立政策、制度法规的权力。领导者是组织文化与组织基本法的发起者、制定者和裁定者，他应用这种权力对组织重大事务及组织关系进行决定、否决或修正。立法权是组织内的最高权力，必须在民主的基础上强制集中。领导者的权威与立法权是完全不可分割的，立法权开放的组织极其容易陷入混乱和分裂。立法权的封闭确立和巩固了领导者在组织内独一无二的地位，领导者因此处在组织内一切决策链和关系链的顶端。

2.奖赏权封闭。

对于组织奖赏权的封闭能够极大地树立领导者的权威性。奖赏权是领导者调节组织资源及组织关系的重要手段，合理运用奖赏权能够激发组织成员对于服从领导意愿并因此获益的积极性，因此领导者必须是对重要组织成员进行奖赏的主导者。中国法家有“权柄”一说，即刑德二柄。何谓刑德？曰：杀戮之谓刑，庆赏之谓德。刑德之权柄，不可轻授予人。奖赏权的封闭表现为：被奖赏的对象一定是领导意愿的遵从者和支持者，在此基础上再论功赏、绩赏、德赏和庆赏。“功”为重大贡献或突出事迹，“绩”为考核优胜或治业有方，“德”为忠诚仁义或克己奉公，“庆”为重大盛典或集体成就。奖赏的方式要物质与精神共举，公平与公开并重。奖赏过轻疏，则领导者毫无权威；奖赏过泛众，则领导者无公信力。

3.惩戒权封闭。

惩戒权是与奖赏权相辅相成的并行手段，也是领导者的核心权力之一。领导者行使惩戒权就是经营人性中的畏惧心理，马基雅维利在《君主论》中对此有着深刻的理解：“人们冒犯一个自己爱戴的人比冒犯一个自己畏惧的人较少顾忌，因为爱戴是靠恩义这条纽带维系的；然而由于人性是恶劣的，在任何时候，只要对自己有利，人们便把这条纽带一刀两断了。可是畏惧，则由于害怕受到绝不会放弃的惩罚而维持着。”他认为，被人爱戴和被人畏惧最好二者兼具，但是如果必须有所取舍的话，被人畏惧要比被人爱戴安全得多。领导者应用惩戒权是代表组织强力推行公共意志，而领导者是公共意志的代表，所以惩戒的首要对象就是违背领导意愿和指令的对立者，消除对立是领导者维护其权威的必要措施。惩戒权适用于违反组织价值理念与规章制度者、因故意或重大过失造成组织利益受损者、破坏组织关系或正常秩序者、工作效能低下或考核不达标者、对组织的声誉造成不良影响者等。

无论奖赏还是惩戒，即便封闭但都应当是即时和透明的。权力越是彰显，其作用越是广泛和深远，越对领导者的人格提出更高的要求。

领导者尽管拥有诸多的权力，但限于精力和专业的限制，因此除了对核心权力的集权应用，还应该进行合理化的分权和授权。分权是指把一部分权力分散到管理组织的中下层，以利于分工协作和发挥集体智慧，分权表现为组织建立了职能完善的横向分组织；授权是指将完成某项工作所必需的权力授予下属，使其拥有在指定范围内的行政权与决策权，以利于决策效率和组织复制扩张，授权表现为组织建立了层级分明的纵向分组织。无论分权还是授权，领导者都应该将其置于集权的控制之下，即权力的分授都是由领导者主动发起，并可根据实际情形进行撤销或收回的。

权力的片面认知和不当使用是很多领导者虽身居高位，却无法形成领导权威的重要原因。在以实现组织目的和完成阶段性结果为诉求的基础上，具有领导力的领导者，正确认识权力，并将法定权、奖赏权、惩戒权作为手段科学运用，能够牢牢树立一个组织中的绝对权威，并不断以“外王”之道推动组织持续向上。

（二）领导者封闭立威

领导权威的确立，除了用权，更需要立威。

权与威两者密不可分。古人云：有权无威常失权，有威无权空有威。“权”是法定授予的约束力，而“威”是个人塑造的影响力，所以，权威的重心点不在于权，而在于威。威信能使权力的作用和效果倍增；威信可以明显地降低权力行使的成本；威信不受职位限制，可以超越职权发挥领导作用；威信的空间范围大于权力，其持续时间也更加久远。

立威，就是领导者追求个人品格、素养与能力不断精进及对外弘扬并产生影响的过程。

1.立信之威。

“信”是受组织成员信任、支持和拥戴的集中体现。首先，真诚为信。真实面对，坦荡而磊落，诚心待人，礼让而分明，以此为镜，则人不可相欺，亦不能藏私。

其次，公正为信。大道为公，不偏私情，凡事有理有据，待人一视等同，奖罚公正，处事公明，故受敬从，而无妄议。

最后，践诺为信。言必行，行必果，不图虚妄先夸口，深思熟虑而慎言，一言既出，竭力达成，因此令出如山，众信不疑。

2.立能之威。

领导者自身能力，是其影响力的重要来源。凡为领导者，皆有所长，或超前预见的智慧，或气吞山河的雄心，或知人善用的英明，或杀伐决断的魄力，或临危不乱的坚毅，或长袖善舞的交际，或一呼百应的感召，或临危不乱、破难解困的谋略，或独领风骚的专长等，深用其一至极致，足以超常，身兼数种而通达，则威能无限。

3.立势之威。

领导力出众的领导者应善于顺势、借势和造势，以势立威。

顺势，便是洞察和顺应社会、时代与市场的发展趋势，不断作出正确的决策，选择大于努力，带领组织走向正确的道路，而这是领导者首要的责任。明智的领导者会减少对日常经营管理事务的投入，而把更多的时间和精力放在观察和分析“大势”上，这一高瞻远瞩的眺望姿态，会大大提升领导者独特的影响力。

借势，就是将自己与外部的某种强大的势能产生链接和交际，使其为我所用，因此帮助组织扶摇直上。善于借势的人懂得珍惜和把握难得的机缘与有利的环境。借势乃是大谋略，不弱英雄本色，领导者声威大震。

造势，就是创造一种不同寻常的环境和氛围。造势者与他人会形成一种强烈的落差，使自身处于独一无二的高位，并使受众产生震撼、信服乃至崇拜心理。造势者，经营的是人性中的权威定势和依附心理，具有一种穿透式的影响。

本章在封闭式领导力关于领导权威确立的论述中，对领导权威进行了深度剖析，其中领导者封闭用权中，立法权封闭、奖赏权封闭、惩戒权封闭是领导者集权应用的三大核心手段，也是维护组织价值理念和政策法制的基础保障；领导者封闭立威中，信、能、势是领导者立威的三个主要途径，也是领导者对个人品行及修为不断磨砺和擢升的过程。领导者领导力的权与威实虚结合、明暗交错，互补增强，共同构成了对组织作用形成封闭式控制的领导权威。

四、领导者权威封闭复制

领导者权威封闭复制，是指应用封闭式领导力的方式进行授权。授权是委托他人代为行使权力，而非权力的永久授予，授权是可被撤销或收回的，因此授权本身就是封闭的。封闭式领导力理论认为：领导者授权的过程就是权力接收者对封闭力的复制过程，也是领导者复制领导者的过程。所以授权的本质不是权力的分化，而是封闭力的再次扩充与分层封闭，合理的授权是对领导者封闭力多层笼罩的加强。

授权分为授权和授威两个部分。通常，授权只是关注权力的授予，却忽视了威信的交接。从大部分组织的实践来看，很多被授权者不能胜任和发挥真正的领导作用，虽然其通常被归结为素质或能力问题，但很大可能是被授权者并没有获得威信的交接，无法短期内树立自己的威信使然。其因有权无威，导致权力空转和失效，所以领导者在授权的过程中，必须帮助被授权者属建立属于他自己空间范围内的权威，并授权他去复制一个下级领导者。当然，被授权者的权威确立和增强并不会造成对领导者权威的削弱和威胁，因为对于一个封闭能力很强的领导来说，被授权者的威信同样是可被撤销和收回的。封闭式领导力是建立在权威之上的权威，也是建立在封闭之上的封闭（见图7-1）。

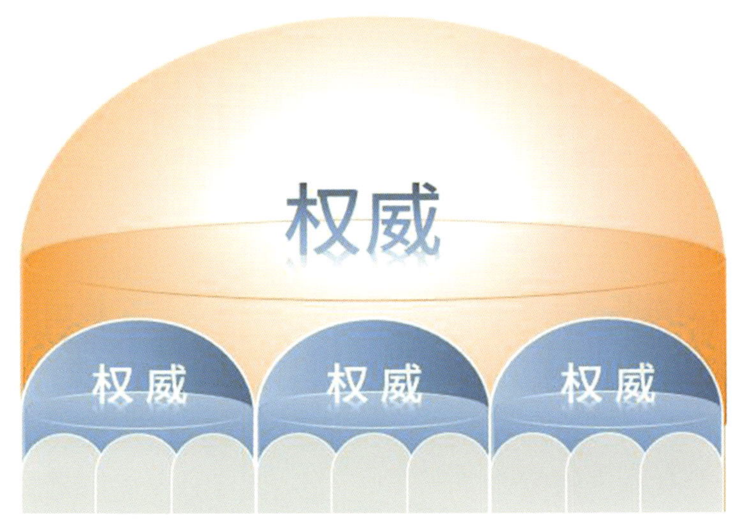

图 7–1 授权就是封闭力的复制

封闭式授权需要明确以下基本观点：

（1）对下属的授权是以自己的成功吸引具有潜在领导力的管理者成为新的领导者，让其接受更大的挑战，并促使下属为共同的目标付出更大的努力。对于被授权者的选拔，首要考虑对于领导者影响力有加持作用的组织成员。

（2）授权的本质是领导者的复制，是封闭力的复制。授权的内容不仅仅是权力，也包括威信。授权采用权威分授的方式，把控节奏。

（3）授权不仅来自信任，更多来自领导者自身的无奈和忍受。无奈是领导者为了达成组织的目的，实现更大的目标，承担了太多更重大的事务，因而无法顾及很多中小型事务，只能授权；忍受是因为领导者需要加强自己的信心、耐心和包容心去等待被授权对象领导力的逐步成长。“不断找到更重要的事务”以及“在意识上和组织成员平等”是提高授权能力的前提。

（4）追求完美与即时纠错是授权的两个天敌，它会把你拖向事必躬亲的狭隘深渊。

（5）授权是与“考验+控制”并行的，缺乏控制机制的盲目授权是极度危险的。

五、创造组织权威环境

组织要实现真正的权威封闭，不能只依赖于领导者不断地单向施加作用，更重要的是以领导的影响力创造一种组织权威的环境。在此环境下，追随者能够自动接受影响，自动觉察、自愿服从和自觉遵守，由此实现不见领导而有领导，不见权威而有权威。不见封闭而有封闭是领导力的高阶状态。

（1）创造组织权威环境，领导者应去除自身底层烙印，创造公平客观的组织人才环境。

在一个以领导者为中心的封闭式组织内，领导者自我的评价对组织成员价值的认定是至关重要的，而领导者是否能对此保持客观公正，最大的障碍来自依据个人好恶所形成的双重标准。领导者在成长的过程中，其原生家庭、生活和教育经历、意外事件等都会对其性格特质及价值观念的养成产生深远的影响，我们称之为“底层生存烙印”，这些烙印对领导者树立正确的人才观念形成了强烈的制约和干扰。如果在过往的经历和印象中对其造成伤害或不良影响的人拥有某类性格特质及外在表现，那么同类型的人才通常会受到领导者的厌恶和排斥；反之，那些曾给其留下美好经历和印象的人所拥有的性格特质及外在表现，则会受到偏爱。底层生存烙印对领导权威是一种颠覆性的威胁和挑战，如果领导者不能消除这些烙印，打开心结，去掉定式枷锁，那么组织的公平环境将无从谈起，而以领导者个人好恶为标准所构建的人才结构，必然存在巨大的先天性缺陷——他们会拥有同样的偏见、恐惧以及指向逃避与失控的情绪开关。对于领导者而言，客观公平的人才评价标准，有且只有三个要素，即结果、符合组织文化理念的人才观和人才的可持续发展潜力。领导者必须控制个人对人才好恶的偏见与限制，才能真正代表组织共有的文化理念与利益诉求，才能获得组织成员对领导权威的认同。

（2）创造权威环境，领导者应该在组织内主导形成一种“群体自控”的惯性。

组织存在的每一天，都是领导者应用封闭力与不良的情绪、行为和思想等作斗争的每一天。人类作为群居动物，群体内的人们会不由自主地进行彼此审视和模仿，群体环境对个体的影响可能远超我们的想象，正像“失控”会相互传染造成巨大的混乱场面，“自控”也会参照而形成积极和稳定有序的环境。我们通常认为受自控力影响的行为，实际也是受群体控制力的影响。我们会为自己的独立和自由意志而感到自豪，实际上，我们的选择在很大程度上会受到他人想法、意愿和行为的影响；甚至，我们认为他们想要我们做什么，都会深刻影响我们的选择。

集体自控就是要建立一个以领导者思想为标准的全员自我控

制与群体控制。自控力来源于每日自省及自我认知的深化，而群控力就是要不断地展开“审视与自我审视”“批评与自我批评”等。在自控力与群控力的共同作用下，组织成员逐渐形成了自律，逐渐抑制和消除了不良的情绪、行为和思想，也就实现了对领导权威的认同和追随。

（3）创造权威环境，领导者应该在组织内建立和强化底线意识。

底线是一个组织保持完整性和纯粹性的最后防线，是领导者对组织形成封闭式控制的最低标准。领导者应建立和强化的底线包括三个层面：

一是领导者的权威容度底线。领导者在一定限度内对触犯权威的行为保持宽容和克制，但必须向组织全员明确其容度底线，凡触及或突破该底线的行为，其行为人必将受到最严厉的公开惩罚，包括但不限于剥夺权力、逐出组织、追缴所得等。

二是组织的生存底线。领导者应向组织全员明确对组织形成致命威胁或破坏性的行为及维持组织生存的底线指标，凡触及或危及该底线的行为，其行为人必将受到最严厉的公开惩罚，包括但不限于剥夺权力、逐出组织、追缴所得等。

三是组织的价值观底线。领导者应向组织全员明确对组织的核心价值观念形成重大违背与破坏性的具体表现与行为，其行为人必将受到最严厉的公开惩罚，包括但不限于剥夺权力、逐出组织、追缴所得等。

无论组织处于什么样的阶段，或者面临怎样的境况，都不能失去底线要求，而随着组织的不断发展和进化，领导者要适时地提高底线标准，不断提高组织成员的危机意识，这是构建权威环境的必要条件。

总之，在组织内建立公平客观的人才组织环境、在组织内主导形成一种“群体自控”的惯性、建立和强化组织底线意识，是领导者创造权威环境的三个主要手段。权威环境一旦形成，则领导权威有限的显性影响力便会转变为相对无限的隐性影响力，并在追随者的不断支持与拥护下，持续得到扩张和增强，真正实现对组织的权威封闭。

第三节　关系封闭

领导者在组织内建立关系网，并以此为作用力对组织进行封闭控制，称为“关系封闭”。关系封闭是软性领导力的一种表现形式。如果将思想封闭比喻成树根，权威封闭比喻成树干，那么关系封闭就是连接每片叶子的树枝。关系封闭是封闭式领导力的关键构成部分，组织由关系构成，领导者应用领导力对组织关系的封闭就是对组织的封闭。

依照锁扣原理，领导者对于组织内部关系的封闭是组织稳定与持续的重要手段，这种手段在组织内部形成一个坚韧的、无形的大网，锁定各种关系，通过关系转化消除隐患于萌芽，让组织内部矛盾不再凸显，同时推动组织内部的相互共生与均衡发展。

关系封闭是一种长效安全治理的手段。坚固的堡垒最容易从内部打破。从组织生命周期的角度来看，除了其自然生命周期之外，能够对组织形成最大威胁的一定是组织内部人为的破坏。纵观历史，几乎所有强盛组织的快速瓦解皆因祸起萧墙的内斗，或分组织结构内实力悬殊而造成的割据，即由组织内部关系的失衡、错乱而起。作为一个领导者，必须通过应用科学的领导手段来防止组织的山头主义、保守主义甚至组织分裂现象的出现，实现组织的团结、和谐和长治久安。

关系封闭将旧的关系进行再造，帮助组织将内部的分组织和重要人员进行重新联结，达成新关系的转变。这种转变包括：从独占关系转变为共好关系，从联体关系转变为微体关系，从暗箱关系转变为透明关系，从界限分明的关系转化为边界模糊的关系，从双头对立关系转变为三角关系，从开放关系转变为半开放关系，从单一关系转变为复合关系，从显性关系转变为明暗交错的关系，从自由发挥关系转变为计划任用的关系，从资历关系转

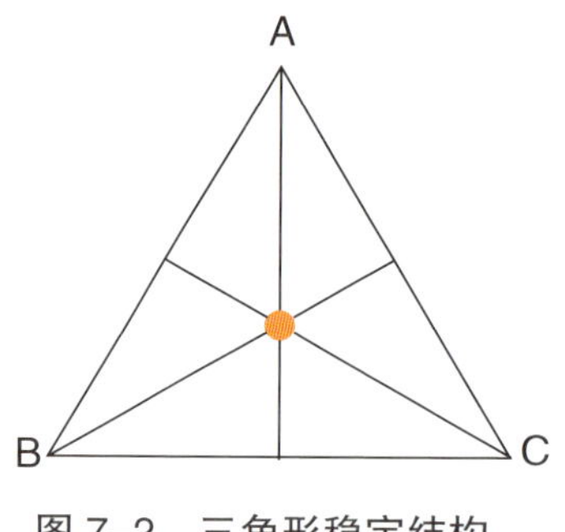

图 7–2　三角形稳定结构

变为竞赛关系。

关系封闭应用主要分为打破利益集团、对下级领导者制衡和布局、发展组织新生力量三个部分。

一、打破利益集团

只要有组织存在，就会有利益集团存在，在一个组织里它们

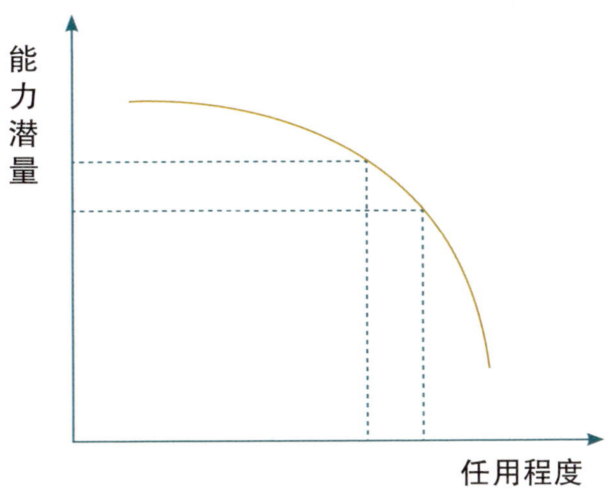

图 7–3　人才任用黄金比例

的存在有深刻的历史基础和现实基础。利益多元化是产生利益集团的根本原因，缺乏封闭的领导力治理环境便利了利益集团的发展，以个人主义为特征的企业文化是利益集团产生的文化基础。

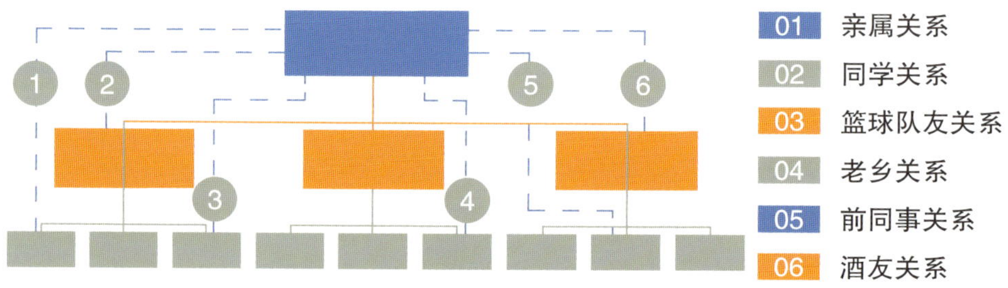

图 7-4　虚实线关系布局

利益集团对组织的效能即时结果具有一定的贡献作用，但长期会对组织母体产生巨大的破坏作用。利益集团为谋取更大的权利与利益，会对组织公共决策的制定产生消极影响，是组织整体利益和长远利益的绊脚石。利益集团利益表达的片面性，破坏了组织成员之间的利益均衡，影响了政策的公平公正，造成组织内部的巨大矛盾和隐患，并使得政策的权威性受到质疑。利益集团往往会有意切断组织核心领导人与中、基层的联系，形成关系断层，使上级领导者在组织中被架空；利益集团会在组织内建立不良依附关系，而随着利益集团的不断膨胀，组织核心领导人的权威会不断受到挑战，由此组织自上而下会出现很多不同的声音，组织原来坚守的的思想信念也会出现动摇，组织逐步面临分裂的危险。

对组织内利益集团的治理乃至打破成为组织关系改革和发展的最重要议题之一。当然，这里所说的治理和打破不等于消除，而是更多运用关系封闭进行平衡、遏制与限定。一般来说，应用关系封闭对利益集团的治理和打破有以下几个方法：

（1）从独占关系转变为共好关系。扶持更多的利益集团，建立彼此利益交叉共享与竞争机制，并由核心领导者在其各自发展过程中进行关系调控。

（2）从联盟关系转变为微体关系。分封建制，将利益集团的利益进行最小化分割，破除共谋的基础。

（3）从暗箱关系转变为透明关系。建立公开透明且民主集中的公众决策机制、监督机制和评议机制。

（4）从界限分明的关系转化为边界模糊的关系。在利益集团过度膨胀时进行打压——“甩石头、掺沙子、挖墙脚”，即抓住把柄、安置亲信、策反重要人物。

（5）从开放关系转变为半开放关系。对某些影响较大的利益集团进行规范与活力控制，重新拟定商业规则。

二、对下级领导者制衡和布局

下级领导者往往是通过授权而擢升的领导者，他们对于组织创造绩效及对组织发展有着重要的作用，当组织发展到一定的规模时，其在组织内成为“不可替代”的角色。然而，事实上很多上级领导者对经常失控的下级领导者又爱又恨，下级领导者既对组织贡献不可或缺，但任其野蛮成长也是对组织关系稳定性最大的潜在威胁。如何在不损害组织利益的前提下，充分发挥下级领导者对组织的重要作用，同时又能进行有效制衡，以实现组织的关系平衡式封闭，成为领导者在现实中面临的复杂课题之一。

对下级领导者制衡一般有以下目的：在充分信任与充分授权的前提下，保护性开发和安全性使用，最终在组织内营造一种良性竞争与动态平衡的关系环境。依照封闭式领导力理论，对于下级领导者制衡的方式主要有三种：一是通过布局达成一种相互制约的三角形稳定结构，并努力保持平衡的状态；二是对人才的任用进行合规合理的调度；三是在现有规则之上创造一种新规则，达到有利于领导者加强掌控的新的平衡。

这三种制衡的方式如下：

1.三角形稳定结构设置（见图7-2）。

由传统的双头对立关系转变为三角关系。下级领导者布局，三三制为最合理的制衡结构，即一个领导者的下一层级有三个平行的领导者。这种布局使实力相当的管理者三方之间形成制约关系，防止一方独大，防止两虎相争，防止相互勾结，三者不断产生平衡式的动态竞合。

2.黄金分割结构设置（见图7-3）。

在组织内对人才的任用由自由发挥关系转变为计划任用关系。对下级领导者要健康任用，这种任用遵循黄金比例，即在实际操作中，下级领导者的能力潜量与组织对其的任用程度形成双向制衡调节，改变传统因为短期突出贡献而发生的任用过度问题。计划任用由定位、通道、周期、条件四个要素构成，它是一种长期的、有规划的人才锁扣。

3.组织成员虚实线结合关系布局（见图7-4）。

将领导者与下属各层之间的单一关系转变为复合关系，将显性关系转变为明暗交叉的关系。

领导者与各层次的下属之间，无论是各级领导者还是管理者，除了正式明确的工作辖制关系，还应该建立各种非正式的多元属性的关系锁扣，在不破坏既有规则的前提下，创建新的多层级、多维度链接系统。这种虚实线结合关系能够帮助领导者有效制衡组织内成员。对组织关系的制衡本质上是对人才和组织的双向保护，成熟的组织关系有利于发挥人性善的一面，让人才聚焦于组织目的与结果的达成，这对组织是非常有利的。简单粗浅的组织关系会放大人性中的负面因素如骄傲、浮躁、贪婪等，这对其本人的持续成长有害，对组织关系的稳定性也有风险。所以领导者使用制衡手段的目的是以组织内部的各种锁扣实现立体化的关系封闭，保障组织的持续稳固。

三、发展组织新生力量

组织要想获得长远的发展，就要保持企业的活跃性与生命力。而提升生命力的最佳方式就是定期为企业注入新鲜的血液，吸收新人的同时，淘汰一批落后员工，实现组织人才更替，重用组织内更具发展潜力的储备人才，实现组织内部人力的激活与循环。在组织发展的过程中，所有的组织关系都是动态的，原有的很多平衡会被逐渐打破，而解决这一问题的唯一方法就是发展组织的新生力量，通过新生力量的新关系的构建，帮助组织在封闭中进化，在进化中形成新的关系封闭。

从另外一个方面来看，组织的生命周期由人才结构的生命周期决定。过度依赖和持续固化传统力量并不能形成真正的封闭，而只会陷入迟滞和塌陷，走向衰老，走向落后，走向消亡。一个组织的长期发展，新生力量不可或缺，组织必须通过积极吸纳、培育和壮大新兴力量，让新兴力量对传统力量形成补充、冲击乃至更迭效应，才能形成对组织的持续优化。

组织的新生力量主要包括年轻化的中层干部、组织管理培训生、外部转入的高阶人才等。就一个组织来说，谁掌控新生力量，谁就位于未来组织关系的中心。所以核心领导者要亲自投入大量的精力和资源在新兴力量的培养上，这是对组织未来最好的投资，也是进一步巩固和强化领导力的有效途径。站在同一条起跑线上，新生力量的加入与启动，会制造鲶鱼效应，将组织内成员原有的资历关系转变为竞赛关系。

如何在组织不发生结构性变革及剧烈动荡的前提下，将新兴力量与现有组织里的老人关系进行有效链接并产生积极的化学反应呢？我们为领导者提供了三种不同强度的实施策略：

（1）推动年轻化的中层干部开辟新赛道或主导创建新的分组织，使其获得超常规发展的机会，将他们与现有的中高级管理者放到同一个赛场，营造公平竞争的环境，不做相马，做赛马。

（2）从储备人才和管理培训生中择优，将其分配到各关键部门和关键岗位任助理或副职，作为继任者进行有计划的培养，快速学习、复制、分担现有管理者的工作，严苛要求，如限期达成，则此新人有十足的动力，组织里的老人有强烈的危机感，组织活力则被快速激发。

（3）直接划定年龄红线，强令超龄的中层管理者将重任移交给年轻人，老人退居后台工作，利用新生力量完成组织关系的快速更迭。

（4）不定期从外部引进高阶人才，推动组织知识更新、技术更新、模式更新、系统更新。

组织关系封闭是领导者面临的最复杂和最困难的思考与决策内容之一。为了维护组织的安定和谐与持续发展，领导者既要学会尊重事物运行的客观规律，学会尊重时空交替的演变周期，更要学会尊重善恶交融的人性特征，科学地加以运用。

综合以上，本章对于领导力的封闭力从思想封闭、权威封闭、关系封闭三个方面进行了论述，助力领导者通过领导力构建组织力，实现组织的凝聚和统一。稳定固化的最高表现就是封闭力，封闭力作用下的封闭是一个成功的领导者所推崇和致力的对组织进行控制的理想状态。无数事实证明，只有高屋建瓴的思想者、只有组织权威的主宰者、只有组织锁扣关系的搭建者才称得上具有封闭力的领导者。

第八章

FengBishiLingDaoLi

TuPu

封闭式领导力图谱

封闭式领导力理论系统包括领导者意识、领导者与管理者的冲突、封闭式领导力、领导者的感召力、领导者的预见力、领导者的封闭力几个部分，为了能够更好地梳理脉络，我们特别为读者绘制了领导者意识理论系统图谱和封闭式领导力理论系统图谱，以供学习参考。

一、领导者意识理论系统图谱（见图 8–1）

图 8–1　领导者意识理论系统图谱

二、封闭式领导力理论系统图谱（见图 8–2）

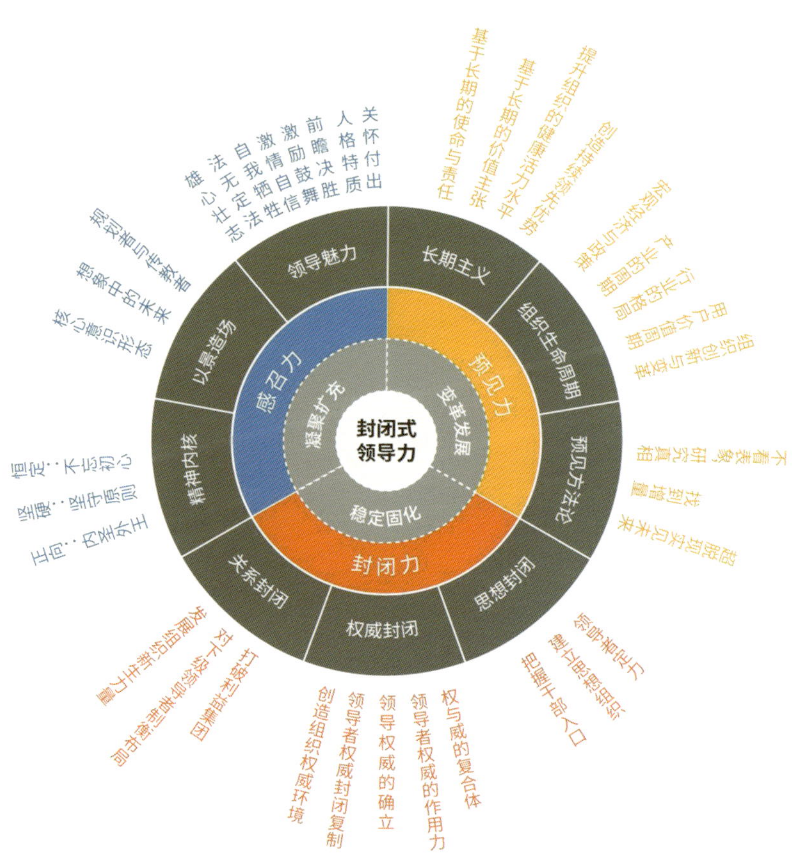

图 8–2　封闭式领导力理论系统图谱

卷尾语：从必然王国走向自由王国

组织力被称为同时决定企业即时竞争能力与长期演化能力的第三极，领导者领导力的进化与迭代，是一个领导者主导组织力从必然王国走向自由王国的过程。

在认识论范畴里面，必然王国是指人们在认知和实践活动中，对客观事物及其规律还没有形成真正的认知，不能自觉地支配自己和外部世界的一种社会状态。自由王国则指人们在认知和实践活动中，认识了客观事物及其规律，并自觉依照这一认知来支配自己和外部世界的一种社会状态。

在组织未来发展的自由王国中，随着科技与社会分工的演变、年轻一代独立意识强化、组织管理逐步去中心化、组织趋向增加直效利润单元、减少消耗利润单元、要素流动、组织合作体现充分竞争、分配机制趋向于利润多次分配，组织的领导者越发处于中心地位。故领导力的拓展会越来越多元，领导者在组织未来形态中的主导地位会越来越强化。领导力的感召力、预见力、封闭力对于新型组织模式尤为重要。对于领导者来说，要想打造企业的无管理状态，就要在方向上实现组织的凝聚和统一，激发所有组织成员的主人翁意识，为组织发展做出贡献；就要在长远布局上，实现组织战略的持续正确；就要实现整个组织关系封闭的稳固化。

在领导者的激发、引导和约束下，组织成员进行有效的自我管理、自我批评、自我修正、自我调节和自我引导，这是基于封闭式领导力基础之上的群体自控的管理体系。任何一个领导者，在新事物面前都是无知的，领导力进化的形态也是无止境的。领导者想要推动组织的组织力从必然王国走向自由王国，唯有加强自身修养，学习、学习、再学习，实践、实践、再实践，逐渐蜕变成为一个卓越的领导者。领导中心化、避免组织陷入组织涣散、领导者创新分配机制、创造高人力效能、打造创新型组织等领导行为，会随着一代代组织成员的迭代而愈加丰富、完善、升华。领导者与组织成员共赢、领导者孵化领导者、领导者有为之后的无为而治，就是组织不断进化后生命力旺盛的形态，而领导者则站在自己所热爱的组织里，闪闪发光。

美美咨询

上架建议：美容/管理

ISBN 978-7-5454-8188-4

定价：100.00元